白云岩隧道排水系统结晶堵塞机理及防治对策

饶军应 等 著

人民交通出版社

北京

内 容 提 要

本书以白云岩隧道排水系统结晶堵塞机理及防治对策的相关内容为基础,将可溶岩(特别是白云岩)区公路隧道排水系统的结晶堵塞影响因素、机理、对策等理论、试验研究成果加以总结。全书共9章,包括:绪论,白云岩隧道排水系统结晶物取样分析,白云岩隧道排水系统混合溶液结晶条件、过程及机理,温度及流速对排水管道结晶影响模型试验,管材及管道连接形式对结晶影响模型试验,白云岩隧道排水系统混合溶液结晶室内模型试验,白云岩隧道排水系统混合溶液结晶堵塞分级初步探究,白云岩隧道排水系统结晶体防治对策,结论与展望。

本书可供从事隧道排水系统科研、设计、施工及建设管理的相关人员使用,也可作为高等院校隧道工程专业研究生的学习参考用书。

图书在版编目(CIP)数据

白云岩隧道排水系统结晶堵塞机理及防治对策 / 饶军应等著. — 北京：人民交通出版社股份有限公司,2024.10. — ISBN 978-7-114-19619-5

Ⅰ.U459.2

中国国家版本馆CIP数据核字第20246GY032号

Baiyunyan Suidao Paishui Xitong Jiejing Duse Jili ji Fangzhi Duice

书　名：	白云岩隧道排水系统结晶堵塞机理及防治对策
著 作 者：	饶军应　等
责任编辑：	刘　彤
责任校对：	赵媛媛　龙　雪
责任印制：	刘高彤
出版发行：	人民交通出版社
地　　址：	(100011)北京市朝阳区安定门外外馆斜街3号
网　　址：	http://www.ccpcl.com.cn
销售电话：	(010)85285857
总 经 销：	人民交通出版社发行部
经　　销：	各地新华书店
印　　刷：	北京武英文博科技有限公司
开　　本：	787×1092　1/16
印　　张：	13.75
字　　数：	250千
版　　次：	2024年10月　第1版
印　　次：	2024年10月　第1次印刷
书　　号：	ISBN 978-7-114-19619-5
定　　价：	98.00元

(有印刷、装订质量问题的图书,由本社负责调换)

FOREWORD 序

由饶军应等撰写的《白云岩隧道排水系统结晶堵塞机理及防治对策》一书即将出版发行,特为该书作序以表祝贺。

随着国民经济的飞速发展,地下空间资源的开发利用已成为21世纪我国发展的重要方向。我国作为一个山地分布广泛的国家,打通交通隧道等关键通道和重要节点是实现基础设施互联互通的必要前提。在此背景下,我国隧道建设的中心正逐渐地向西南等多山地区转移,出现的隧道工程问题也越来越多。其中,白云岩、灰岩及大理岩等可溶盐岩区的隧道工程排水系统常存在不同程度的结晶堵塞问题,该问题在白云岩隧道中尤为突出。

面对隧道工程建设中的各种复杂问题,要求专业技术人员具有发现问题和分析问题的基本素养,能将所学的基础理论与现场实践经验相结合,思考解决问题的策略。作者潜心隧道工程问题的研究,对白云岩隧道排水系统结晶堵塞机理及防治对策进行了大量的试验研究和工程实践,积累了丰富的成果和经验。本书以白云岩隧道排水系统结晶堵塞机理及防治对策的相关内容为基础,将可溶岩(特别是白云岩)区公路隧道排水系统的结晶堵塞影响因素、机理、对策等理论、试验研究成果加以总结。以白云岩隧道排水系统内的结晶体为研究对象,从宏观上观测结晶现象,从微观上剖析结晶过程,从实践中检验对策;通过试验测定了结晶体化学成分,阐明了结晶体微观组构与结构特征;再结合室内模型试验,剖析了结晶过程,揭示了成晶机理,分析了导致白云岩隧道排水系统结晶致塞的关键因素对结晶形成过程的影响。在此基础上,提出破除隧道排水系统内结晶等堵塞体的针对性工程对策,并在工程中检验除晶效果,改进除晶方法,为白云岩地区隧道工程排水系统的除晶保畅提供了理论支撑。

  本书体现了作者深厚的学术造诣和丰富的工程经验，具有很高的参考价值。我相信本书的出版将会对从事隧道排水系统科研、设计、施工及运维的相关人员有所裨益，也可为高等院校隧道工程专业研究生提供学习参考。

贵州大学教授　梅世龙
2024 年 9 月

PREFACE 前 言

我国西部地区以山地、高原为主,桥隧工程在道路或铁路工程中占很大比例。建设桥梁工程、隧道工程等基础设施,是完善西部地区交通系统、促进地方经济社会发展的重要举措。桥隧工程,百年大计,良好的服役状态是桥隧工程的建设目标。白云岩、灰岩及大理岩等可溶盐岩区的隧道工程排水系统常存在不同程度的结晶堵塞问题,煤系地层也常有之,该问题在白云岩隧道中尤为突出。隧道工程常有"十隧九漏"之说,渗漏水是隧道工程的顽疾。隧道工程的排水系统一旦出现结晶堵塞,衬砌背后压力骤增,容易导致支护结构内力增加、变形增大,从而衬砌开裂,渗水、漏水、大变形等问题接踵而来,严重影响各类隧道工程的服役状态和使用寿命。此外,现有隧道内排水系统几乎为一个封闭区间,由地下水流入排水管网,再由管网导出到隧道排水沟或直接排到隧道外,而高铁隧道内排水系统则以排为主,若排水系统堵塞后问题更加严重。目前,隧道排水系统结晶堵塞问题,在设计、施工及营运期并无有效的防止、治理措施,这成为制约隧道长期安全服役的瓶颈。

本书是作者基于国家自然科学基金"白云岩隧道排水系统结晶致塞机理及破除(51968010)"、贵州大学培育项目"白云岩隧道衬砌碳酸盐结晶致损机理及抑制(贵大培育〔2020〕44)"历时多年攻关的创新成果。本书以白云岩隧道排水系统内的结晶体为研究对象,通过开展X射线粉晶衍射测量和能谱分析试验,测定了结晶体化学成分,阐明了结晶体微观组构与结构特征;再以离子色谱试验分析白云岩受蚀后的溶液化学成分,结合室内模型试验,剖析了结晶过程,揭示了成晶机理,分析了入管水质、管内流速、溶液温度及排水管材质等因素对结晶形成过程的影响,辨析了结晶致塞主因。在此基础上,探究了结晶致塞的针对性破除对策,如超声波法、去堵机器人法等,并在实际工程中检验和改进除晶方法,为白云岩、灰岩、大理岩及煤系地层等特殊地质区地下工程排水系统的除晶去堵保畅提供了理论支撑。本书创新成果为解决白云岩隧道渗漏水问题提供重要途径,为保障白云岩隧道安全服役提供支撑,也是隧道工程实现百年大计目标必须攻克的难题之一。

本书第1、2、8、9章由饶军应、熊鹏、聂崇欣、陶永虎撰写;第3、6、7章由饶军应、陶永虎撰写;第4章由饶军应、熊鹏撰写;第5章由饶军应、聂崇欣撰写。本书不仅引用了饶军应、吕建兵、叶飞、张学富、李磊等人的部分研究成果,还引用了饶军应指导的研究生聂崇欣、熊鹏、陶永虎、王亚奇、陈朝颖的学位论文研究成果。硕士生郭宸畅、陈忆、陈朝颖、崔红超、刘畅、魏佳健、宋晓龙、吴成贵、李浩、余佳禾、陈远航、吴平杨、包翔宇等在本书成稿的过程中进行了校对、绘图等工作。

本书得到了国家自然科学基金委员会、贵州科学院自然科学基金委员会、贵州省科学技术厅、贵州省交通运输厅、贵州省高速公路管理局、贵州高速公路集团有限公司、贵州省交通规划勘察设计研究院股份有限公司、贵州省公路工程集团有限公司、贵州路桥集团有限公司、中海建筑有限公司贵州分公司、中铁五局集团有限公司、中铁十二局集团有限公司、中铁十五局集团有限公司、中铁十八局集团有限公司、贵州大学和有关合作单位的悉心指导与大力支持,得到了傅鹤林教授、梅世龙教授、张学富教授、叶飞教授、吕建兵教授等的热情指导,在此一并感谢!

由于作者水平所限,书中难免存在不妥之处,敬请读者指正。

作　者
2024年6月

CONTENTS 目　　录

第 1 章　绪论
- 1.1　引言 …………………………………………………………… 002
- 1.2　国内外研究现状 ……………………………………………… 003

第 2 章　白云岩隧道排水系统结晶物取样分析
- 2.1　结晶体取样点概况 …………………………………………… 012
- 2.2　第一次现场结晶体取样处理和分组 ………………………… 015
- 2.3　第二次现场结晶体取样处理和分组 ………………………… 016
- 2.4　现场数据采集 ………………………………………………… 017
- 2.5　水质分析 ……………………………………………………… 019
- 2.6　结晶体分析 …………………………………………………… 021
- 2.7　本章小结 ……………………………………………………… 040

第 3 章　白云岩隧道排水系统混合溶液结晶条件、过程及机理
- 3.1　白云岩隧道排水系统混合溶液结晶条件 …………………… 044
- 3.2　白云岩隧道排水系统混合溶液结晶过程 …………………… 045
- 3.3　白云岩隧道排水系统混合溶液结晶机理 …………………… 046
- 3.4　本章小结 ……………………………………………………… 053

第 4 章　温度及流速对排水管道结晶影响模型试验

4.1 试验原理 ·········· 056
4.2 试验装置设计 ·········· 057
4.3 试验方案设计 ·········· 062
4.4 试验流程 ·········· 067
4.5 温度对排水管道结晶形成的影响试验 ·········· 070
4.6 流速对排水管道结晶形成的影响试验 ·········· 078
4.7 温度及流速对结晶影响的关联度分析 ·········· 083
4.8 排水管道"干湿循环"结晶试验 ·········· 085
4.9 本章小结 ·········· 087

第 5 章　管材及管道连接形式对结晶影响模型试验

5.1 试验原理 ·········· 090
5.2 试验材料 ·········· 090
5.3 试验装置 ·········· 092
5.4 试验步骤 ·········· 093
5.5 试验设计 ·········· 095
5.6 管材对结晶的影响试验 ·········· 098
5.7 管道连接形式对结晶的影响试验 ·········· 102
5.8 方解石在管道内沉积过程 ·········· 106
5.9 本章小结 ·········· 109

第 6 章　白云岩隧道排水系统混合溶液结晶室内模型试验

6.1 试验方法设计 ·········· 112
6.2 试验方案及原理 ·········· 113
6.3 试验装置设计 ·········· 115
6.4 试剂选择及溶液配制 ·········· 117
6.5 试验开展环节 ·········· 121

6.6 管道结晶体性质规律分析 …… 123
6.7 结晶堵塞程度评价 …… 132
6.8 试验结果讨论 …… 133
6.9 本章小结 …… 134

第7章 白云岩隧道排水系统混合溶液结晶堵塞分级初步探究

7.1 结晶堵塞分级构思 …… 136
7.2 结晶堵塞分级模型构建 …… 137
7.3 结晶堵塞分级指标计算 …… 139
7.4 结晶堵塞分级模型初步分析 …… 142
7.5 结晶堵塞分级举例分析 …… 147
7.6 存在不足及后续改进建议 …… 151
7.7 本章小结 …… 152

第8章 白云岩隧道排水系统结晶体防治对策

8.1 白云岩隧道排水系统结晶体超声波法除晶研究 …… 154
8.2 白云岩隧道排水系统结晶体电化学法除晶研究 …… 161
8.3 本章小结 …… 184

第9章 结论与展望

9.1 入管溶液温度及流速对结晶的影响研究主要结论 …… 188
9.2 管材及管道连接形式对结晶的影响研究主要结论 …… 189
9.3 混合溶液结晶研究主要结论 …… 190
9.4 创新点 …… 192
9.5 不足及展望 …… 193

参考文献

CHAPTER ONE　第1章

绪论

1.1 引言

隧道工程常有"十隧九漏"之说,渗漏水是隧道工程之顽疾。排水系统堵塞是引起隧道渗漏水的原因之一,堵塞问题又可分为化学结晶堵塞和碎屑沉积堵塞两大类。本书以白云岩隧道排水系统的结晶堵塞问题为切入点,进行集土木工程与化学工程为一体的综合研究。

目前,我国隧道工程防排水系统采用"防、排、截、堵相结合,因地制宜,综合治理"的原则指导设计、施工。从隧道结构功能分类来看,隧道排水系统虽然仅是隧道工程中的一项附属设施,但在隧道投入运营使用后,其对隧道使用寿命和安全运营有着不可小觑的影响。依据《公路隧道设计规范 第一册 土建工程》(JTG 3370.1—2018),隧道排水系统由环向排水管、纵向排水管、横向排水管、中心排水管(排水边沟)组成;现有隧道排水系统设计为地下水渗(流)入环向盲管,再由盲管导至纵向排水沟(管),纵沟再将水排向隧道外(图1-1)。

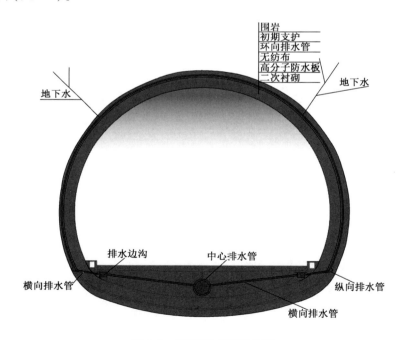

图1-1 隧道排水系统简图

在白云岩、石灰岩、大理岩等地质区,公路隧道及铁路隧道的排水系统常存在不同程度结晶问题,该问题在白云岩隧道中尤为突出。结晶体一旦累积到影响排水系统正常排水,地下水则逐渐在隧道周围聚集,而后围绕隧道形成包围圈;随着包围圈汇水越积越多,水荷载渐增,衬砌内力也必然节节攀升,结构变形亦相应增大。此时,若不妥善处理,日积月累,衬砌开裂在所难免,衬砌开裂后渗漏水等问题接踵而来。当前,对于隧道排水系统结晶堵塞问题,在设计、施工及运营期均无有效的防治对策。

为此,本书以白云岩隧道排水系统结晶堵塞问题为研究对象,通过开展 X 射线粉晶衍射试验、能谱分析试验、离子色谱试验及室内模型试验等定性或定量试验,测定结晶体化学成分,阐明结晶体微观组构与结构特征,探明白云岩受蚀后的溶液化学组分,剖析结晶过程,揭示排水管内成晶机理,辨析结晶致塞主因,从而提出结晶体破除对策,并在依托工程中检验和改进除晶方法。

当前高速公路、高速铁路及城市轨道交通建设如火如荼,桥隧工程项目如雨后春笋。我国西南山区以山地、高原居多,在云南、贵州、四川等地广泛赋存白云岩,致使白云岩隧道层出不穷。本书的研究成果,可一定程度上解析白云岩隧道排水系统中结晶体化学成分不详、结晶体微观组构与结构特征不清、排水管内液相结晶机理不明、结晶堵塞处治效果不佳等系列科学问题。同时,本书还辨析了结晶致塞主因,提出了白云岩隧道排水系统中结晶体破除对策,从而助力攻克结晶致塞破除难题。本书研究成果将是隧道排水系统除晶保畅对策的有效补充,可广泛应用于解决隧道排水系统堵塞疏通问题,助力攻关"十隧九漏"难题,协助治理隧道渗漏水顽疾,完善隧道排水系统养护管理理论与技术,降低隧道养护成本,具有较好的科学及实践意义显著,可在一定范围内推广应用。

1.2 国内外研究现状

1.2.1 结晶机理研究现状

国外学者研究隧道排水系统结晶问题起步稍早于国内,研究以清除和防止结晶体在隧道排水系统中产生为目的。学者们首先分析结晶体的物质成分与形成机理,而后提出相应的破除和防治方案。对于隧道排水系统中所产生的结晶体最早的研究者是 Dietzel 教授,他在论文中指出隧道排水系统中结晶的主要物质组成成分为方解石、绿泥石、石英,并且认为其物质源于隧道初喷混凝土和注浆浆液中的水泥,并且提出通过隔绝地下水和初喷注浆浆液来达到控制结晶产生的目的。

叶飞教授通过室内模拟试验装置对隧道排水系统结晶过程进行了模拟,研究了地下水质和速凝剂掺量对结晶的影响,最后提出通过调整初喷混凝土中速凝剂的掺量以达到控制结晶的目的。向坤通过室内模拟试验装置,对地下水处于不同 pH 值时,隧道排水系统中方解石结晶体的形态进行了研究分析,最终得到 pH 值越大,结晶体越容易附着生长在排水管道内的结论。刘士洋通过试验研究了在排水管道内进行植绒以控制隧道排水系统中结晶体的生成和沉积。郭小雄通过现场实地工程取样对结晶体物质进行分析,最后提出在横向排水管末端安装 U 形连通管道,通过隔绝隧道中的 CO_2,以减少反应产生的结晶。周卓通过对隧道排水系统中结晶体产生的各类影响因素进行研究分析,并且提出通过 DBL 理论预测结晶体产生量,最终通过加入碳阻垢剂等方法来清除结晶体。翟明通过室内模拟试验装置对灰岩地区的隧道排水系统进行研究,提出通过阻垢剂和酸性化合物来控制清除结晶体。Stefanie Eichinger 通过大量的现场取样研究,对隧道排水系统中结晶体的形成机理进行分析,最后提出通过控制结晶体的来源、加入"绿色"阻垢剂、控制二氧化碳溶解量以对结晶堵塞进行控制。赵鹏研究了高压水清除装置,以清除隧道排水系统中的结晶体。

结晶机理关乎隧道排水系统中的结晶体究竟从何而来,在什么样的条件下会产生,与结晶体的防治有直接联系,但目前对于隧道排水系统内结晶体的形成机理还未有定论。

1.2.2 结晶致塞因素问题研究现状

因盐岩溶液重结晶(结晶种类各异)而堵塞,进而致使隧道排水系统排水不畅、管道堵塞。

1997 年,成都理工大学的黄尚瑜、宋焕荣研究团队,通过设置 25℃、40℃、60℃ 和 80℃ 的温度梯度,开展温度对于碳酸盐结晶的影响试验,发现温度与结晶速率、程度和形态都有着密切的关系。2008 年,张兵强等通过室内试验对 $CaCO_3$ 溶液的诱导期进行动态特性试验研究,试验考察了流速、温度、浓度和材料等主要因素对其诱导期的影响,并结合理论进行分析,结果发现材料表面能对其诱导期影响最大,其次是温度,再是流速和浓度。2009 年,于清浩通过试验分析排水系统堵塞因素,发现其因素主要有温度、流速、流量等。2009 年,王大放等基于分子动力学方法计算得出 $CaCO_3$ 溶液分子的自扩散系数与温度成正比,表明温度越高,水分子活性越大。

2011 年,于剑峰等研究盐效应、温度和 pH 值等因素对碳酸钙溶解度的影响,由此提出卤水输送管道的阻垢条件。2013 年,Jung 等研究管道堵塞因素时发现,析出物主要由于混凝土劣化及管内离子间化学反应产生;同年 Park 等分析管道堵塞危害,发现堵塞易致使隧道老化、劣化,且通过试验发现,排水管坡度与堵塞有很大关系。2015 年,周卓等探讨纵向排水管坡度、流速等因素对管道结晶生成的影响,发现温度、pH 值、压力、水动力等均对结晶体形成有贡献。2016 年,翟明通过开展室内模型试验,采用多次单因素重复试验,研究了 CO_2 接触面、管径、形状及流速对灰岩区隧道排水管道结晶堵塞的影响,发现 CO_2、流速比排水管形状的影响更大。

2019 年,Chen 等调查了众多存在方解石沉降的法国隧道,发现结晶程度不仅和围岩的渗透系数及 $CaCO_3$ 含量有关,还和衬砌材料性质、隧道几何形状等有关,但衬砌材料的影响只能通过方解石在隧道侧壁的沉降来体现,而在排水系统中的影响相当有限。

2019 年,重庆交通大学土木工程学院的向坤等人,以聚氯乙烯(PVC)管为管材开展室内模型试验,分别进行四种 pH 值(8、9、10、11)和两种充水状态(半充水、满充水)下的结晶生长试验,发现排水管结晶量随 pH 值增大而增加,但受 pH 值和充水状态的耦合影响。

蒋雅君、詹树高分别在 2019 年、2021 年分析管道堵塞因素发现,影响隧道排水设施结晶堵塞的主要因素是 CO_2 分压、流速、温度、离子种类及其浓度。

2021 年,周伟等通过模型试验探究了管道坡度、液面高度等水动力因素对结晶形成的影响,发现结晶速率与管道坡度、液面高度均成反比。

2021 年,胡瑞柱等采用 pH-stat 法研究 pH、过饱和度、钙离子和镁离子活度和金属离子(铁和锰)对碳酸钙结晶动力学因素的影响,发现水中 pH 和过饱和度对碳酸钙结晶速率有较大影响,水中镁离子过多时会抑制碳酸钙的结晶生长速率,随着钙和镁活度的增加,碳酸钙结晶速率降低。

综合来看,学者对隧道排水管结晶影响因素的研究,主要集中在两个方面:围岩环境(围岩:地质类型;地下水:温度、流速、含盐量、CO_2 分压、pH 值等)和隧道结构[排水系统:布局设计、管材(包括材料的化学属性和物理特征)、管径;衬砌结构:混凝土特性、几何形状、孔隙率],见图 1-2。关于温度,学者做了一定研究,但较多集中于高温,与实际隧道管内温度不匹配,较为片面;关于流速,学者较多采用数值模拟手段进行研究,研究不够深入,需要从试验、理论等角度深入探究。

综上发现,导致管道堵塞的因素较多,有 CO_2、pH 值、管材、温度等,但这些因素研究均是主要考虑 $CaCO_3$ 存在,而忽略了其他离子的影响,如 Mg^{2+}、Al^{3+} 等离子,故离子种类影响结晶致塞方面的研究有待阐明。

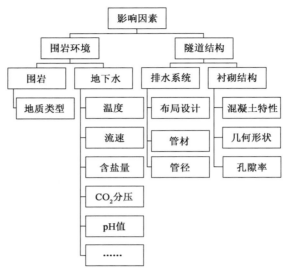

图 1-2　隧道排水管道结晶影响因素

1.2.3　结晶破除研究现状

目前,按照结晶过程将隧道排水系统中结晶体的破除方案分为结晶前(控制结晶体的来源)、结晶时(控制结晶体的形成)、结晶后(结晶体形成后被破除)(表 1-1)。

结晶破除方案　　　　　　　　　　　　　　　　　　　　　表 1-1

结晶过程	破除方案
结晶前	调整初喷速凝剂配合比
	隔绝地下水与水泥
结晶时	阻垢剂抑制
	隔绝二氧化碳
	管道植绒
	管道磁化
	管道电场
结晶后	高压水清除
	有机酸冲洗

在结晶前对其进行控制的这类方案(表 1-1),能够从根本控制结晶体的来源,但是对于以方解石($CaCO_3$)为主的隧道排水系统结晶体,目前对于其结晶的来源尚未探明,部分学者认为方解石来自隧道初喷和围岩注浆中的水泥,但是另一部分学者认为结晶体来自岩溶地区的地下水,同时也有学者提出结晶体的物质来源可能由二者共同提供。在结晶机理来源未探明的情况下,目前如果只是从单一方面控制,其对结晶体形成产生的

控制效果可能也会不明显。

对于在结晶时控制结晶体形成的这一类方案而言，就无须考虑结晶体的来源，所以在未探明结晶体来源时该过程控制也较为可行。加入阻垢剂的方法普遍应用于控制工业管道中的水垢，由于隧道排水管道安装于隧道衬砌内部，结构较为复杂，并且如果管道发生渗漏，阻垢剂就可能进入隧道衬砌，阻垢剂对衬砌内混凝土和钢筋是否具有侵蚀，还有待探明。再者，隧道排水系统中的水直接排出到周边自然环境中，如使用阻垢剂，其是否会对周边自然环境产生不利影响，还尚待探究。或对管道采取隔绝二氧化碳的方法，以达到控制结晶产生的目的。其对于避免二氧化碳与钙离子反应生成结晶而言是可行的，但是对于目前研究现状而言，学者们对隧道排水系统结晶机理存在分歧，未确定结晶的形成以哪种机理为主，简而言之，就是具体二氧化碳的来源未探明，如果只是单方面隔绝隧道内的二氧化碳来源，采用上述方法可能能起到一定作用，但无法根治结晶堵塞问题。管道植绒是通过在隧道排水管道内部植入绒毛，在水流作用下，管道内绒毛持续蠕动，结晶体在绒毛蠕动的作用下，就不易附着于管道之上。但是对于所植绒毛寿命有待研究，并且绒毛一旦脱落，反而对隧道排水系统造成二次堵塞。管道磁化、管道电场，即在隧道排水管道周围施加磁场和电场。在磁场作用下，水分子产生共振，水中所溶解的阴阳离子有效碰撞减少，从而使钙离子无法与碳酸根离子结合形成沉淀；在电场作用下，电场能量使得钙离子与碳酸根离子结合更易形成粉末状的文石型结晶，而不是不易清除的方解石结晶，粉末状的文石更容易被水流冲走，从而控制结晶堵塞问题。但无论是通过磁场还是电场来控制结晶堵塞问题，目前都只是在工业管道中使用过，而在隧道排水系统上还未有相关研究和应用。前述结晶破除方案均存在一个共同缺点，即虽然前述各种方式能对隧道排水系统结晶堵塞进行控制，但由于其必须在隧道排水系统建成前，对其进行预处理，故而只能应用于还未建成的隧道，对于目前已投入使用的隧道，排水系统已预埋在衬砌内部，上述技术对此存在一定的局限性。

相较于以上两种控制过程，在结晶产生后控制，虽是"亡羊补牢"，但是对于已经建成并出现排水系统结晶堵塞的隧道而言，此类方法恰能解决结晶堵塞问题。目前，对于结晶后破除的方案，大致可分为两类，一类是物理方法破除，另一类是化学方法破除。对于物理方法，赵鹏等设计了高压水疏通装置对隧道排水系统进行清洗疏通。该方法环保并且清洗效果明显，但是对于较长的隧道而言该方法实现存在一定困难，并且对于横向管道和环向管道的清洁还有待研究探索。对于化学方法，学者们研究了有机酸溶剂对隧道排水系统结晶的清洗效果，以及有机酸对隧道衬砌和排水管道的损伤，清洗能力明显，但该方案与添加阻垢剂抑制方解石产生存在同样的问题，对于已建成隧道，环向排水管、纵向排水管、横向排水管没有相应的试剂添加口,所以同样存在一定的限制。

综上所述,目前已有的隧道排水系统结晶处治预防方法有着进一步的优化空间,更加便捷、经济、无污染的清除方案还有待研究。

1.2.4 白云岩研究现状

白云岩是一种典型的沉积碳酸盐岩,广泛赋存于滇、黔、川、湘、鄂等地。白云岩与弱盐酸接触后产生气泡,表明其易溶蚀。白云岩因其分布广、易溶蚀等特点而引起工程界高度重视。

白云岩类型多样,根据成因、位置及产生年代等有寒武统白云岩、晚古生代白云岩、布曲组白云岩、塔东寒武系白云岩、古近系白云岩、长兴组白云岩等。学者们通常将 $CaCO_3$ 视为组成白云岩的主要成分,作者对贵阳轨道交通工程中大量白云岩开展能谱试验(图1-3),经分析发现白云岩组分有 $CaCO_3$、SiO_2、MgO、Al_2O_3 等,虽然以 $CaCO_3$ 含量为主,但是 SiO_2、MgO 及 Al_2O_3 等也占有不可忽视的比例,影响贵阳地区白云岩的微观结构与力学性能。

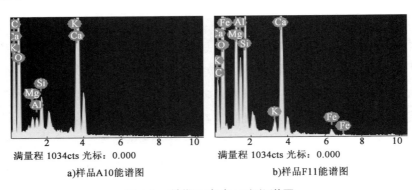

a) 样品A10能谱图　　b) 样品F11能谱图

图1-3　前期研究白云岩能谱图

白云岩地质区受地下水侵蚀后,常展现出千奇百怪的自然景观,甚受欢迎,但对隧道工程界来说却是一大地质难题。白云岩受侵蚀后常形成溶洞,是一种典型的不良工程地质,隧道工程领域的学者们常以岩溶隧道为对象开展相关研究,这些研究主要涵盖针对岩溶的探测技术、理论解析分析、室内模型试验、数值模拟计算与施工处治技术等。

白云岩区域受水侵蚀后常呈现出溶洞现象,属于特殊不良地质,在隧道工程领域,以溶洞为对象的研究已有不少文献详述,在该区域的工程修建不仅投资大,且受技术、地质的制约,为此探明白云岩工程性质尤为重要。

2012年,Yee等分析管道垢体发现,垢体中含有文石、方解石,且降解文石和方解石有利于缓解管道堵塞。2014年,王兵杰对白云岩成因、特征开展研究发现,白云岩中含有 Ca、Mg、Al 等。2018 年，伍飞分析通过 X 射线分析白云岩成分发现，白云岩主要由方解石、白云石、硬石膏等组成。2018 年，谢财进等开展试验研究白云岩成分发现，白云岩的主要成分为 $CaCO_3$，并含有 MgO、Al_2O_3 等物质，其对白云岩物理力学性质有较大影响。2018 年，陈孝全通过 X 射线分析白云岩矿物含量，白云岩溶蚀离子中含有 Ca^{2+}、Mg^{2+} 等离子。2019 年，邓晓强通过同位素标记研究寒武系白云岩成分、成因，发现白云岩中含有 Ca、O、K 等。2019 年，陶萌分析白云岩特征发现，白云岩中含有 CaO、MgO、Al_2O_3 等。

白云岩不仅含有 $CaCO_3$，还有不可忽略的 MgO、Al_2O_3 等氧化物，其溶蚀后溶液的析出结晶体性质较复杂，仅开展 $CaCO_3$ 的溶蚀及其溶液结晶研究不足以解决工程问题，故 $CaCO_3$ 不能完全代表白云岩的溶蚀与结晶过程，需对白云岩溶蚀后的溶液成分、结晶规律进行全面分析，进而制定精准的破除对策。

在白云岩的溶蚀和结晶研究方面，田纳西大学的 Amy 与 Sarah 利用扫描电子显微镜、能量色散 X 射线光谱、X 射线衍射、电子微探针分析和电感耦合等离子分光光度计等手段，分析了美国内华达州南部岩石钙化层中石灰石和白云石碎屑蚀变问题，表明能谱试验与 X 射线衍射试验是测定岩体微观结构与组分的有效手段。成都理工大学的宋焕荣、黄尚瑜及其研究团队，开展了温度为 25℃、40℃、60℃和 80℃的模拟试验，试验对象包括白云岩、灰岩、含云灰岩、大理岩及质纯的方解石、冰洲石的溶蚀液成分，发现这些岩石的溶蚀液以碳酸溶液为主，是碳酸、硫酸及 $CaCl_2$、$MgCl_2$、$NaCl$、硫酸盐等盐类的混合液，经电镜扫描显示各种结晶沉淀物形态各异。中铁二院工程集团有限责任公司的刘高金高级工程师及其研究团队，分析了几座不同岩性的含盐地层隧道侵蚀破坏机理及特征，发现石膏、盲硝、氯盐等易溶盐岩是产生腐蚀、膨胀的物质基础，它们溶解后再结晶析出会腐蚀隧道初期支护、二次衬砌，产生膨胀挤压，从而引起支护结构破坏。中国地质科学院岩溶地质研究所的刘再华及其研究团队认为，有关白云岩溶解动力学机理的研究不如方解石深入、全面，他们还发现溶液中加入能加速 CO_2 转换反应的碳酸酐酶催化剂可促进白云岩溶解，而 CO_2 分压（P_{CO_2}）对此影响大。

由此可见，针对白云岩的溶蚀与溶蚀后溶液的析出结晶研究，仅考察 $CaCO_3$ 的溶蚀及其溶液结晶是远远不够的，$CaCO_3$ 不能完全代表白云岩的溶蚀与结晶过程，需对白云岩溶蚀后的溶液进行全面综合考虑，分析混合溶液的综合或耦合结晶效应，才能更准确地揭示白云岩溶蚀后的溶液结晶机理与特征。

第2章

CHAPTER TWO

白云岩隧道排水系统结晶物取样分析

以泸昭高速公路白云岩地质区部分隧道为依托,实地调查了小湾隧道、大河隧道、新店子隧道和白岩脚隧道等排水管结晶情况,采集水样、结晶粉末,并对其进行编号,首先对其水质、结晶情况进行全面的探察,在雨季和旱季对排水管道内水流的温度、流速、pH等数据进行监测收集;其次,开展能谱仪(EDS)、扫描电镜(SEM)、X射线衍射仪(XRD)等试验,对水样及结晶物进行物质组分、微观结构试验分析,探明白云岩地区隧道排水管中水质、结晶体成分、结构性质等,为开展后续试验研究奠定理论基础;最后结合隧道排水系统结构组成及试验需求,自行设计室内循环试验装置,以开展室内循环试验。

通过研究结晶体元素组成、物相组成、微观结构,确定结晶体究竟是何种物质,以便后期清除结晶体时优选合适的方法;研究隧道排水管内水体离子组成,以及在何种条件下形成结晶,以便在清理隧道排水系统结晶体时,明确在何种水质条件下,隧道排水系统内可能会产生结晶体。

2.1 结晶体取样点概况

工程概况见表2-1。

工程概况 表2-1

名称	左幅长(m)	右幅长(m)	最大埋深(m)	纵坡(%)	地质构造	水文地质
白岩脚隧道	5265	5245	470	2	进出口为碎石土,洞身段为白云岩、页岩、炭质页岩夹煤层、灰岩	地下水为基岩裂隙水、碳酸盐岩溶水类型,碳酸盐类溶水补给径流区较广,水量丰富
小湾隧道	1065	1090	133	3	进出口为碎石土,洞身段为强、中风化白云岩	地下水为松散类孔隙水和碳酸盐岩溶水,地下水埋深较浅,水量一般
大河隧道	4751	4760	420		洞身为强中风化石英砂岩夹页岩、粉砂岩、强中风化白云岩和钙质粉砂岩	地下水为基岩裂隙水、碳酸盐岩溶水类型;洞身以碳酸盐岩夹碎屑岩裂隙岩溶水为主,出口段以碳酸盐岩溶水为主

续上表

名称	左幅长(m)	右幅长(m)	最大埋深(m)	纵坡(%)	地质构造	水文地质
新店子隧道	215	60		2	进出口为松散~稍密状碎石及强风化白云岩，洞身为强风化白云岩和白云质灰岩	地下水为碳酸盐岩溶水类型，主要受大气降雨补给，地下水埋深较浅，水量一般

隧道现场调查如图 2-1 所示，通过调查及收集详细勘察资料，该隧道区主要以白云岩为主，伴有灰岩、碎屑土等，其中白岩脚隧道地质纵断面如图 2-2 所示。

a) 地质勘察

b) 结晶调查

c) 渗水调查

d) 施工勘察

图 2-1 隧道现场调查

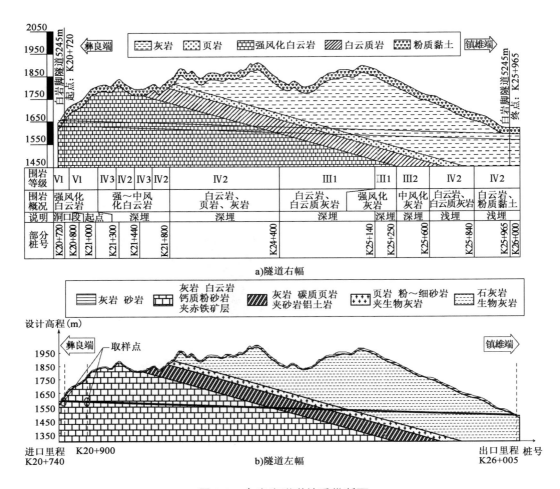

图 2-2　白岩脚隧道地质纵断面

结晶体试验样品取自白岩脚隧道左幅 K20+740~K20+900(图 2-2),地质勘察显示该段地质情况为:K20+700~K20+800 段围岩以碎石、强风化白云岩为主,呈破裂状结构,岩溶发育,地下水较丰富;K20+800~K21+000 段围岩以强风化白云岩为主,呈碎裂状结构,局部赋存岩溶空腔,地下水较丰富;K21+000~K21+300 段围岩以强~中风化白云岩为主,也呈碎裂状结构,局部赋存岩溶空腔,地下水较丰富。

致塞分析:白云岩属碳酸盐岩,易溶蚀,主要成分为方解石,广泛赋存于四川、贵州等地,白云岩与弱盐酸接触后会产生气泡,加之白云岩具有易溶蚀的特性,导致隧道排水管中易出现结晶堵塞现象;且在现场调查发现,横向排水管(横管)及纵向排水管(纵管)出口结晶较多,环向排水管(环管)结晶较少。

2.2 第一次现场结晶体取样处理和分组

白岩脚隧道在施工期间其排水系统中就出现了大量的结晶体(图 2-3),试样取自隧道的环向排水管壁内附着结晶体和管内水样中的悬浮物,并在现场测量了隧道排水系统中水体的 pH 值与水温,具体样品分组和取样点相关参数见表 2-2。A、D 组试样分别为隧道排水管道 1 号和 2 号处管口结晶体;E、F 组试样分别为隧道排水管道 1 号和 2 号管内水样悬浮物。1 号管口位于 K20+740 附近(隧道洞门入口附近),2 号管口位于 K20+900 附近(隧道进洞约 200m 处)。

图 2-3 现场取样

样品分组及取样点相关参数　　　　　　　　　　表 2-2

项目	1 号排水口	2 号排水口
管壁试样	A_1、A_2、A_3	D_1、D_2、D_3
管内水样悬浮物	E_1	F_1
桩号	K20+740	K20+900
pH 值	9.1	12.3
温度(℃)	16	16
管壁结晶体状态	块状、稍致密	粉末状、稍松散
衬砌状态	二次衬砌已施作	初期支护防水板已施作

现场取回的结晶体样品中含有大量水分,试样经分组冻干后如图 2-4 所示。各组试样均呈松散粉末状,A、E、F 结晶体呈微黄色,D 组试样呈纯白色。结晶体经冻干脱水后进行进一步测试,具体取样和试验设备见表 2-3。

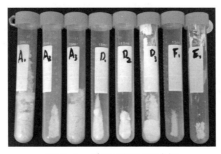

图 2-4 冻干处理后试样

取样和试验设备 表 2-3

设备名称	设备型号	用途
塑料试管	—	试验储存
刮刀	—	取样
水银温度计	—	现场测量温度
笔式酸度计	P301	现场测量温度 pH 值
X 射线衍射仪	X' PertPowder	物相鉴定/半定量分析
扫描电子显微镜	S-3400N	微观结构分析/能谱分析
液相色谱仪	Waters2695	地下水离子分析
冷冻干燥机	LABCONCO 4.5L Freeze	试验干燥处理

2.3 第二次现场结晶体取样处理和分组

为研究白岩脚隧道管道结晶堵塞问题,进行第二次现场调查、拍照、取样,如图 2-5 所示,取样桩号区间及编号如表 2-4 所示。

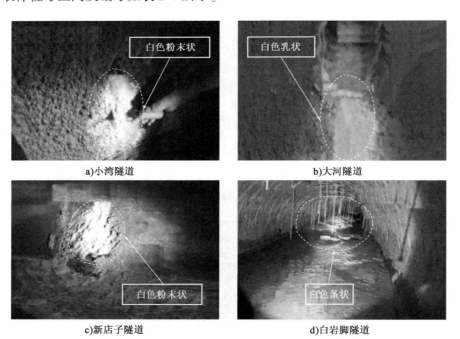

a) 小湾隧道　　　　　　　　　　b) 大河隧道

c) 新店子隧道　　　　　　　　　d) 白岩脚隧道

图 2-5 隧道排水管结晶堵塞

表 2-4 取样桩号区间及编号

类型	取样桩号区间	取样编号
小湾隧道	左幅：ZK19+962~ZK20+720 右幅：YK20+550~YK21+620	A1、A2、A3、A4
大河隧道	单线：K2+410~K2+456、K2+540~K2+580	B1、B2、B3、B4
新店子隧道	单线：K17+755~K17+800、K17+540~K17+920	C1、C2、C3、C4
白岩脚隧道	左幅：ZK20+710~ZK21+300 右幅：YK20+710~YK21+000	D1、D2、D3、D4

采集水样、结晶粉末取样如图 2-6 所示，取样编号如图 2-7 所示。

a)采集水样

b)采集结晶粉末

图 2-6 采集水样、结晶粉末

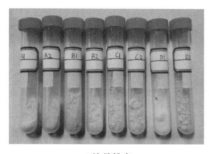
a)结晶粉末

b)结晶水样

图 2-7 取样编号

2.4 现场数据采集

考虑到隧道排水管内流体流速、温度是动态变化的实际情况，如雨季流速流量较大、旱季流速流量较小，甚至处于无流的状态，为使调研数据充分、全面、翔实，故选择在 7 月和 12 月进行调研，7 月气温较高且雨量较为充沛，12 月气温较低且雨量较少。分别在白岩脚隧道、小湾隧道、大河隧道、新店子隧道的不同测点进行温度、流速和 pH 值等数据的现场采集,如图 2-8 所示。

a)温度

b)流速

c)pH值

图 2-8　数据采集

各隧道排水管内流体温度及流速分布情况如图 2-9 所示。在调研中发现,各隧道温度 7 月集中于 10～22℃,12 月集中于 4～11℃;排水管道流速 7 月集中于 0.6～1.2m/s,12 月集中于 0.2～0.7m/s。

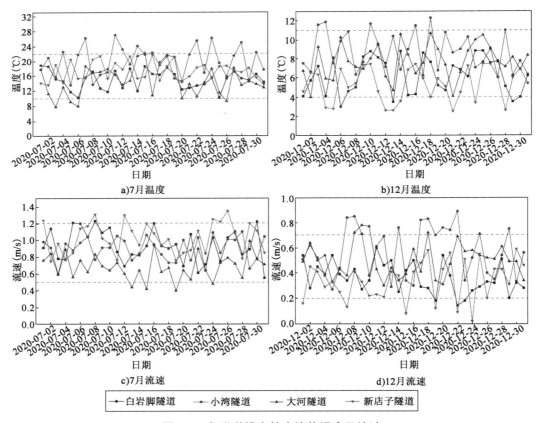

图 2-9　各隧道排水管内流体温度及流速

2.5 水质分析

隧道排水管道内的结晶是管内流体阴阳离子彼此结合,产生结晶微粒体后,在管道内壁上缓慢附着、沉积的结果。故而,为了进行后续结晶模拟试验,初步工作需要明确水体样本的离子组成和浓度。

通过对各隧道掌子面、初期支护和二次衬砌壁面出水口位置采集水样,部分水样如图 2-10 所示,白岩脚隧道、小湾隧道水样较为清澈,而大河隧道、新店子隧道水样略显浑浊。通过液相色谱仪测定其离子浓度,对于 HCO_3^- 离子通过酚酞和甲基橙双指示剂法进行滴定,试验结果如表 2-5 所示。检测结果显示,四座隧道水样中均含有 Ca^{2+}、Mg^{2+}、HCO_3^-、Cl^-、SO_4^{2-}、Na^+ 等离子。

图 2-10 部分水样

水样离子组成和浓度 表 2-5

隧道	水样位置	离子含量(mg/L)									pH
		Cl^-	F^-	NO_3^-	SO_4^{2-}	Ca^{2+}	Mg^{2+}	Na^+	CO_3^{2-}	HCO_3^-	
白岩脚隧道	掌子面处	0.86	0.15	8.56	5.67	7.56	0.32	4.56	12.36	23.67	8.5
	初期支护	1.21	0.09	9.12	3.85	11.67	0.22	3.54	11.47	26.42	12.3
	二次衬砌	0.25	0.26	7.40	7.78	8.04	0.45	2.65	11.99	18.08	9.1
小湾隧道	掌子面处	0.66	0.79	6.90	7.86	7.72	0.22	3.32	13.31	24.38	8.3
	初期支护	0.85	0.40	7.18	4.37	8.60	0.39	3.35	12.04	26.51	11.8
	二次衬砌	1.25	0.11	5.35	7.81	10.59	0.39	3.60	9.92	26.32	7.0

续上表

隧道	水样位置	离子含量(mg/L)									pH
		Cl^-	F^-	NO_3^-	SO_4^{2-}	Ca^{2+}	Mg^{2+}	Na^+	CO_3^{2-}	HCO_3^-	
大河隧道	掌子面处	0.62	0.92	8.08	4.58	11.46	0.30	3.42	12.31	23.35	11.4
	初期支护	1.43	0.22	6.37	6.71	9.45	0.20	3.03	11.86	25.79	9.3
	二次衬砌	1.09	0.24	5.63	5.67	11.01	0.46	2.99	10.75	21.98	7.7
新店子隧道	掌子面处	1.94	0.55	7.73	7.00	8.16	0.30	4.16	13.80	26.76	7.4
	初期支护	0.87	0.11	7.50	3.23	7.23	0.39	4.28	10.30	25.45	12.7
	二次衬砌	2.08	0.66	5.41	7.94	10.30	0.24	2.59	13.57	17.13	10.9

根据水质分析结果,将所有离子种类、离子浓度范围、质量百分含量范围进行统计,水化学特征如表2-6所示,相关离子指标统计如表2-7所示。

水化学特征(单位:mg/L)　　　　　　　　　　　　　　表2-6

离子浓度	A3	A4	B3	B4	C3	C4	D3	D4
$\rho(Cl^-)$	0.251	8.618	2.468	1.21	0.923	4.335	1.418	1.503
$\rho(CO_3^{2-})$	7.391	7.885	13.378	9.124	4.702	9.395	6.706	1.458
$\rho(SO_4^{2-})$	7.776	8.516	54.287	3.853	4.926	7.351	3.493	3.541
$\rho(Ca^{2+})$	8.039	0.936	52.266	11.665	0.741	16.76	2.101	5.44
$\rho(Mg^{2+})$	0.449	0.053	0.383	0.218	0.142	0.296	0.328	0.187
$\rho(Na^+)$	2.649	7.974	2.552	3.541	7.702	5.589	6.084	5.992
$\rho(Al^{3+})$	0.09	0.21	0.035	0.09	0.134	0.085	0.248	0.765
$\rho(K^+)$	1.166	18.55	1.471	1.166	4.914	0.999	6.68	6.808
$\rho(Cu^{2+})$	0.002	0.002	0.002	0.002	0.0008	0.001	0.0001	0.001
$\rho(Zn^{2+})$	0.001	0.0009	0.002	0.001	0.0007	0.0008	0.0008	0.002
$\rho(Ba^{2+})$	0.0022	0.00007	0.001	0.0022	0.0002	0.0029	0.004	0.01

相关离子指标统计　　　　　　　　　　　　　　表2-7

编号	离子种类	密度范围(mg/L³)	浓度范围(mol/L)	质量百分含量范围(%)
1	CO_3^{2-}	1.458~13.378	0.074~0.152	23.47~28.82
2	SO_4^{2-}	3.493~54.287	0.051~0.058	12.69~22.55
3	Ca^{2+}	0.741~52.266	0.028~0.189	10.79~19.43
4	Mg^{2+}	0.053~0.449	0.002~0.014	0.58~0.85
5	Na^+	2.552~7.974	0.059~0.335	19.82~22.88

续上表

编号	离子种类	密度范围(mg/L³)	浓度范围(mol/L)	质量百分含量范围(%)
6	Al^{3+}	0.035~0.765	0.002~0.028	0.58~1.96
7	K^+	0.999~18.550	0.020~0.175	7.56~17.53
8	Cl^-	0.015~0.043	0.015~0.043	3.96~5.95
9	Cu^{2+}	0.0001~0.002	0.000~0.000	0.05~0.050
10	Zn^{2+}	0.0007~0.002	0.000~0.000	0.05~0.051
11	Ba^{2+}	0.00007~0.0029	0.000~0.000	0.00~28.93

此外,在白岩脚隧道的排水系统取水样共6组,1、2、3组取样点位于1号排水管管口(桩号K20+740),4、5、6组取样位置位于2号排水管口(桩号K20+900),对于除HCO_3^-以外的离子通过液相色谱仪测定其离子浓度,对于HCO_3^-离子通过酚酞和甲基橙双指示剂法进行滴定,各组水样中各离子浓度如表2-8所示。

各组水样中各离子浓度(单位:mg/L)　　　　表2-8

取样点	编号	Cl^-	F^-	NO_3^-	SO_4^{2-}	Ca^{2+}	Mg^{2+}	Na^+	HCO_3^-
1号排水管	1	0.2506	0.2576	7.3909	7.7759	8.04	0.449	2.6493	18.08
	2	8.6175	0.2787	7.8852	8.5162	0.94	0.053	7.9743	4.10
	3	2.4679	0.1225	13.3776	54.2866	52.27	0.383	2.5522	98.62
2号排水管	4	1.2102	0.0911	9.1241	3.8525	11.67	0.218	3.5413	26.42
	5	0.9228	0.1519	4.7020	4.9262	0.74	0.142	7.7017	3.14
	6	4.3347	0.0591	9.3952	7.3507	16.76	0.296	5.5890	40.64

由表2-5~表2-8可知:含白云岩围岩的隧道结晶水样属复杂混合物,是由多离子组合的混合的溶液,阳离子主要有Ca^{2+}、Mg^{2+}等,阴离子主要有SO_4^{2-}、CO_3^{2-}等。经一系列复杂物理化学反应形成结晶堵塞管道,故结晶物组成有必要深入研究。

为方便后文研究,离子分类如下:①结晶类离子,指离子本身易与其他离子结合形成结晶沉淀的离子,如Ca^{2+}、Mg^{2+}、SO_4^{2-}、CO_3^{2-}、Al^{3+}等;②非结晶类离子,指离子本身不易与其他离子结晶结合形成沉淀堵塞,如Cl^-、K^+、Na^+等。

2.6　结晶体分析

调研发现,公路隧道排水管道内结晶体呈乳白色,表面较光滑,有少量因为夹杂泥沙等碎屑略显暗黄、粗糙。结晶体形成过程早期呈现黏稠糊状,后期逐渐硬化,内部为蜂窝状固体,结构柔软,强度低。结晶体主要分布在初期支护喷射混凝土表面、二次衬砌排水管出口附近表面、排水管内侧。其中,部分晶体分布与水流方向重合,呈条状或平面状分布。结晶体在后期聚集硬化后,在排水管附近被堵塞,呈块状固体。在不同排水口,其管内流出水量、流速均不同,结晶程度亦各有差异。隧道结晶状况、各隧道部分结晶体样品分别如图 2-11、图 2-12 所示。

图 2-11　隧道结晶状况

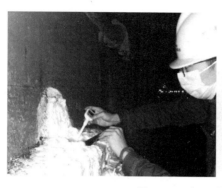

图 2-12　各隧道部分结晶体样品

根据黄继武等人的研究可知：EDS 可通过点对点剖析出结晶物的元素组成，也可得到每种元素的能量峰值图；SEM 可将晶体结构放大，可从微观角度了解结晶体结构、形状，结合 EDS 可得到不同区域元素含量、形状特征；XRD 可利用 X 射线衍射峰对应的波长，从而反推出结晶物晶种，从而确定物质组成。

2.6.1　EDS 能谱元素分析

1）能谱元素分析原理

能谱元素定性分析是通过能谱或波谱，将测量电子射入试样，产生具有特征 X-射线波长或频率来鉴别样品中元素组成的方法。能谱测试（EDS）能够在扫描电镜的过程中，对样品中需检测区域进行指定测试，优点是测试效率高，缺点是无法根据特征谱线的位置确定 H 和 He 两种元素。但基于目前已有的研究基础，一般认为 He 元素的性质不活泼、难以形成化合物，故在对隧道排水系统结晶体元素定性分析研究时不考虑 He 元素的影响。只在进行 X 射线衍射试验时，是否存在 H 元素会对结晶体物相鉴定有影响。后期，通过在对 XRD 数据进行处理时，分别进行含 H 元素和不含 H 元素的物相鉴定，以消除该处无法对 H 元素进行定性分析的影响。

2）能谱元素分析结果

分别对试样 A_1、D_3、E_1、F_1 进行能谱试验，测试结果如图 2-13～图 2-17 所示，图中圈注区域即为能谱测试区域，试样中所含元素如表 2-9 所示。在 A_1 试样中只检测出 Ca 和 O 两种元素，但基于元素鉴定结果和 X 射线衍射试验结果，A_1 试样中应有 C 元素，此处未检测出 C 元素的原因可能是试验仪器误差所致。为消除此处误差，在通过 Jade 软件对结晶体样品进行物相检索时，分别以含碳和不含碳的元素结果对物相结果进行检索。

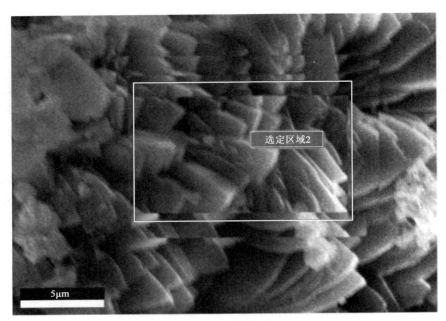

a) A_1 试样能谱扫描区域

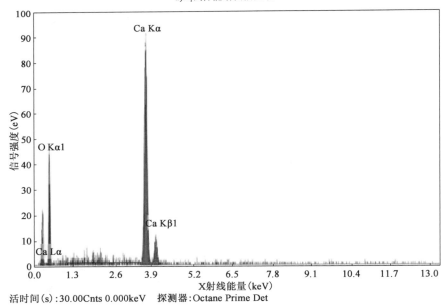

b) A_1 试样能谱扫描结果

图 2-13 A_1 试样能谱分析结果

a) D_3试样能谱扫描区域

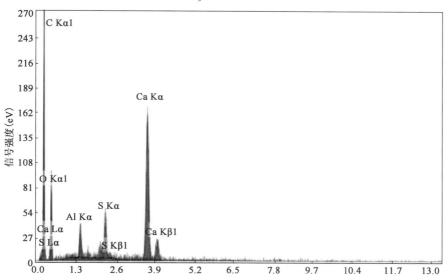

b) D_3试样能谱扫描结果

图 2-14 D_3试样能谱分析结果

a) E_1 试样能谱扫描区域

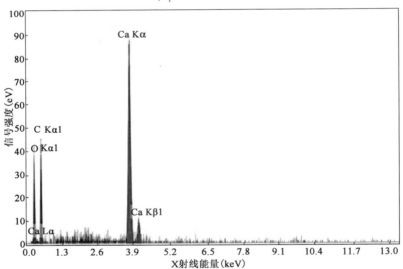

b) E_1 试样能谱扫描结果

图 2-15 E_1 试样能谱分析结果

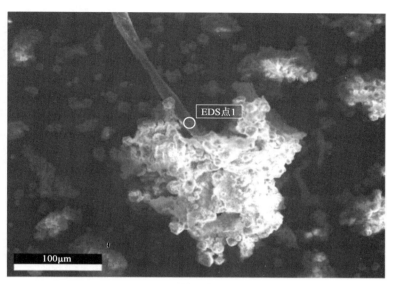

a) F_1 试样能谱扫描区域

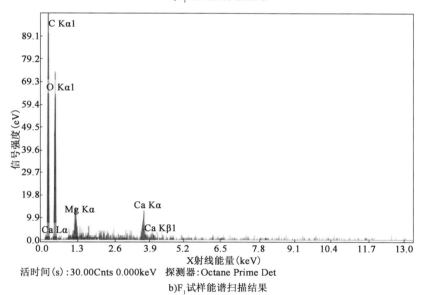

b) F_1 试样能谱扫描结果

图 2-16 F_1 试样能谱分析结果

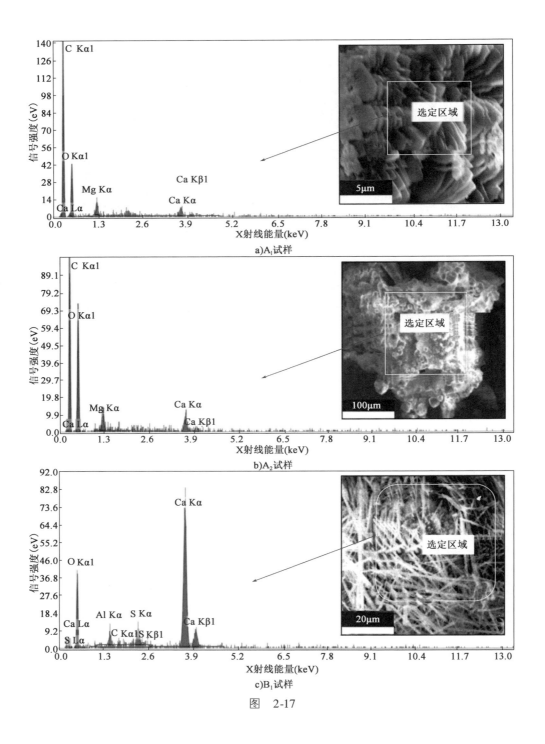

图 2-17

第2章 白云岩隧道排水系统结晶物取样分析

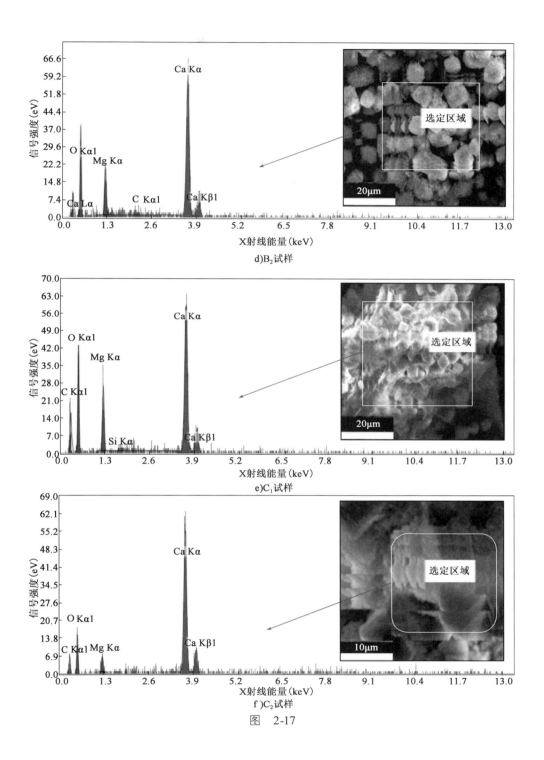

d) B_2 试样

e) C_1 试样

f) C_2 试样

图 2-17

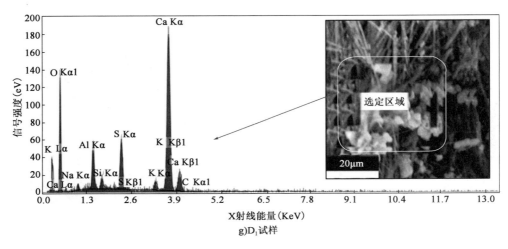

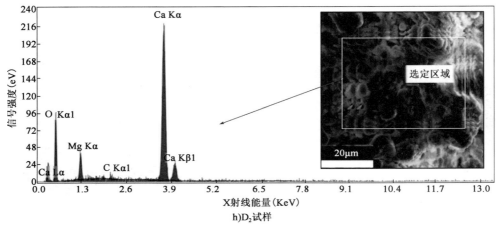

图 2-17 EDS 分析

试样中所含元素　　　　　　　　　　　　　表 2-9

试样编号	所含元素
A_1	Ca、O
D_3	Ca、Al、S、O、C
E_1	Ca、O、C
F_1	Ca、O、C、Mg

由图 2-13～图 2-17 可知:结晶粉末是由多种元素组成,钙的能量峰值图最高,含量也相对较高,其次是镁、铝含量,故在研究中,不可忽略镁、铝对结晶的影响,由于图中含有 C、S、O 等,水中易有 CO_3^{2-}、OH^- 等离子,易产生 $Mg(OH)_2$、$Al(OH)_3$ 等沉淀,均会对排水管道产生影响,也验证水质分析中离子种类,互为解释。

2.6.2 结晶体 XRD 物相分析

1) X 射线衍射试验原理

当 X 射线照射到晶体时,晶体就会产生独特的衍射图像,每一种物相都有与其一一对应的衍射图像,并且当所检测样品中含有多种物质时,其衍射图像也是这几种物质的衍射图像简单叠加。通过对所需检测物相的物质进行 X 射线衍射试验后,得到其衍射结果,并使用相关软件以数据库检索的方式便可得到所需检测的物相。

2) 试验步骤

将冻干后结晶体样品中的杂质剔除,并将样品研磨至 200 目,以达到最好的衍射效果。将 X 射线衍射结果导入 Jade 软件中(图 2-18),基于元素分析中的结果,在检索界面选取物相鉴定元素,通过对照 ICDD-PDF 卡片库中的数据,得到所需检测物质的物相组成。

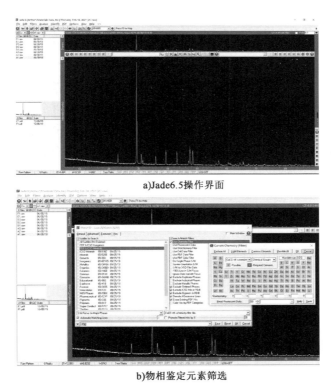

a) Jade6.5 操作界面

b) 物相鉴定元素筛选

图 2-18 基于 Jade 的物相鉴定分析

3) 物相分析结果

定量分析可通过式(2-1)、式(2-2)进行计算,其中 I_i 可由 Jade 软件计算得出,$K^i_{Al_2O_3}$

(即 K 值)可通过物相检索后的 ICDD-PDF 卡片得到。

$$\frac{\omega_i}{\omega_j} = \frac{I_i K^j_{Al_2O_3}}{I_j K^i_{Al_2O_3}} \qquad (2-1)$$

$$\omega_i + \omega_j = 1 \qquad (2-2)$$

式中:ω_i——i 相的质量分数;

I_i——i 相的衍射相对强度;

$K^i_{Al_2O_3}$——以刚玉为内标时,i 相的 K 值。

综上所述,先对各组试样衍射图用 Jade 软件进行物相检索,同时对 A～F 组试样,进行含碳元素和不含碳元素的检索,物相检索结果如图 2-19～图 2-21 所示,再将通过检索所得到衍射强度 I_i 和 K 值,代入式(2-1)与式(2-2),联立计算得到物质中各物相的质量分数,各组试样中各物相的质量分数计算结果如表 2-10 所示。

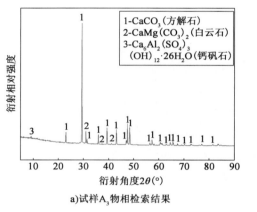
a)试样A_3物相检索结果

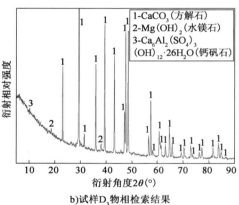
b)试样D_3物相检索结果

图 2-19　A_3、D_3 物相检索结果

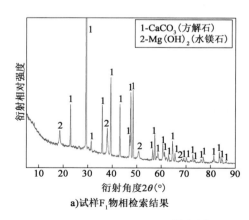
a)试样F_1物相检索结果

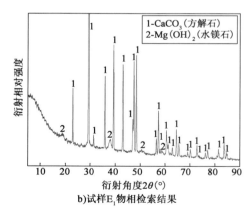
b)试样E_1物相检索结果

图 2-20　E_1、F_1 物相检索结果

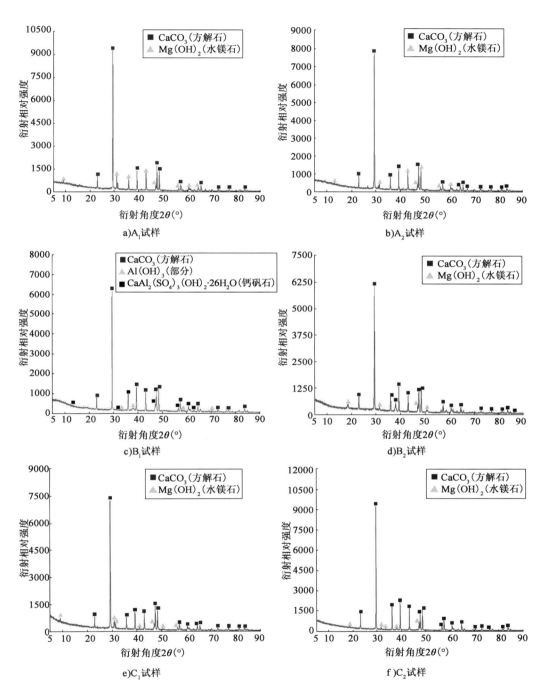

图 2-21

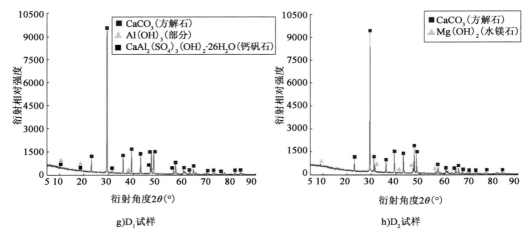

g) D_1 试样　　　　　　　　　　　h) D_2 试样

图 2-21　A_1、A_2、B_1、B_2、C_1、C_2、D_1、D_2 试样物相检索结果

各组试样中各物相的质量分数（单位：%）　　　　表 2-10

试样组号	方解石 $CaCO_3$	白云石 $CaMg(CO_3)_2$	水镁石 $Mg(OH)_2$
A_1	92.3	7.7	—
A_2	96.5	3.5	—
A_3	91.0	9.0	—
D_1	98.3	—	1.7
D_2	98.6	—	1.4
D_3	96.8	—	3.2
E_1	92.1	—	7.9
F_1	86.0	—	14.0

4）半定量分析结果

在对试样进行物相分析后，便可由 Jade 软件计算得到其各相最强峰的积分强度，进一步可通过 K 值法对其质量分数进行计算。由表 2-10 可知，每组结晶体试样中（A_1、A_2、A_3、D_1、D_2、D_3）方解石（$CaCO_3$）含量占比均在 90% 以上，在 A 组试样中存在少量白云石 [$CaMg(CO_3)_2$]，在 D 组试样中存在少量水镁石 [$Mg(OH)_2$]，在 E、F 组水样悬浮物试样是由方解石（$CaCO_3$）和水镁石 [$Mg(OH)_2$] 组成。

特别地，在 A_1、A_2、A_3、D_1 试样中含有微量钙矾石，但由于钙矾石 ICDD-PDF 卡片缺少 K 值，无法精确计算其质量分数，只能由其衍射峰和元素鉴定结果确定存在少量钙矾石物质，故在表 2-10 中未对钙矾石的质量分数进行计算。

各隧道的结晶体物相检索结果如图 2-22 所示，各隧道试样物质质量分数如表 2-11 所示。

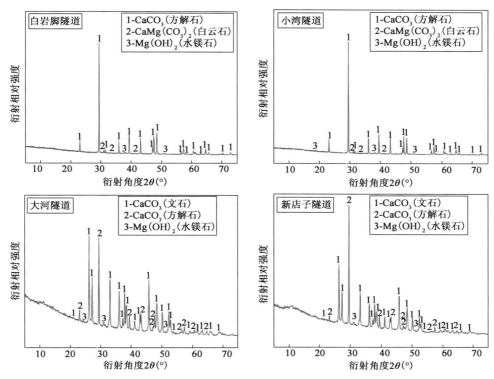

图 2-22 各隧道的结晶体物相检索结果

各隧道试样物质质量分数(单位:%) 表 2-11

组分	$CaCO_3$	白云石 $CaMg(CO_3)_2$	水镁石 $Mg(OH)_2$
白岩脚隧道	93.2	4.3	2.5
小湾隧道	91.6	5.2	3.2
大河隧道	96.9	—	3.1
新店子隧道	97.1	—	2.9

由表 2-11 可见,各隧道结晶体试样中 $CaCO_3$ 含量占比均超过 90%,另外,各试样均存在少量水镁石[$Mg(OH)_2$],在白岩脚隧道及小湾隧道试样中存在少量白云石[$CaMg(CO_3)_2$]。

图 2-21a)~f)表明,在结晶粉末中,除含有 $CaCO_3$ 外,还含有部分 $Mg(OH)_2$;图 2-21c)、g)说明,结晶粉末中,除含有 $CaCO_3$、$Mg(OH)_2$ 外,还有部分 $Al(OH)_3$、钙矾石共存。

综上所述:结晶粉末中含有 Cl、O、S、K、Ca、Mg、Al、Na 等多种元素,常以 Cl^-、O^{2-}、SO_4^{2-}、K^+、Ca^+、Mg^{2+}、Al^{3+}、Na^+、OH^-、H^+、CO_3^{2-} 等离子存在,相互结合形成新的物质,

如 $Mg(OH)_2$、$CaCO_3$、$Al(OH)_3$ 等结晶沉淀,加之一些物理碎屑堵塞物堆积,进而管道结晶致塞。

通过 XRD、EDS、SEM 分析,不同元素结合形成结晶物沉淀,进而造成管壁附着物、堵塞程度各异,部分化合物晶体结构如图 2-23 所示。

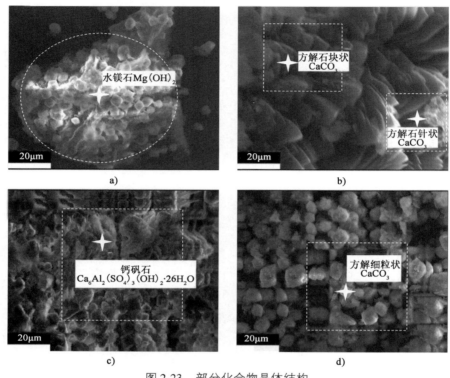

图 2-23 部分化合物晶体结构

由图 2-23 可知:结晶体的微观结构各异,其结构主要差异取决于相应存在的结晶类离子,比如水镁石 $Mg(OH)_2$ 的微观结构取决于 Mg 元素的微观结构,方解石 $CaCO_3$ 的微观结构取决于 Ca 元素的微观结构,钙矾石 $CaAl_2(SO_4)_3(OH)_2 \cdot 26H_2O$ 的微观结构取决于 Ca 元素、Al 元素的微观结构。

结合 XRD、SEM、EDS 分析发现:结晶类离子中钙含量较多、镁含量次之、铝含量较少。其晶体方解石 $CaCO_3$ 呈白色,有针状、细粒状、块状等;晶体水镁石 $Mg(OH)_2$ 呈亮白色,有丝状、粒状等;铝与钙共同形成钙矾石 $CaAl_2(SO_4)_3(OH)_2 \cdot 26H_2O$ 晶体,存在部分乳白色 $Al(OH)_3$ 晶体,且结构呈堆积状。

2.6.3 SEM 分析

对 A_1、A_2、B_1、B_2、C_1、C_2、D_1、D_2 试样的结晶粉末进行 SEM 分析,其结果如图 2-24 所示。

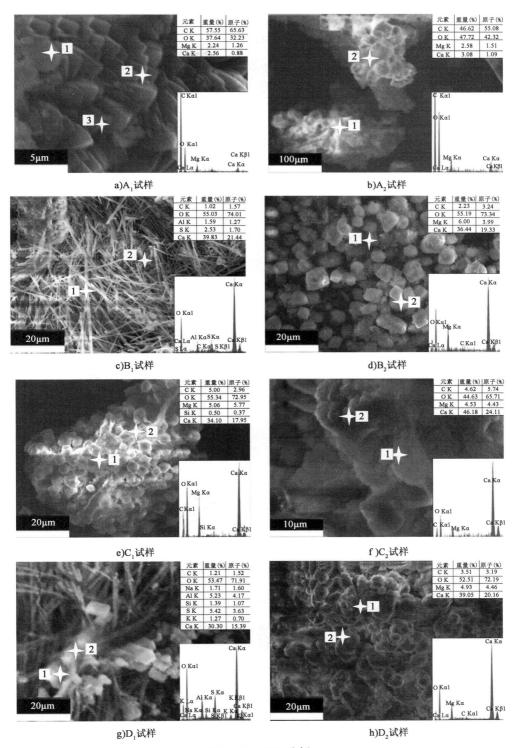

图 2-24 SEM 分析

由图 2-24a)可知:镁整体呈白色薄块状,由多块粒堆积而成,结构紧密完整;Ca 元素呈现粗大块状。由图 2-24b)可知:镁整体呈亮白色颗粒状,结构紧密完整;钙呈暗白色粗颗粒状。由图 2-24c)可知:钙呈白色粗丝状,分布较广,铝整体呈亮白色细丝状、结构松散。由图 2-24d)可知:部分镁整体呈亮白色颗粒状,由多粒堆积形;钙颗粒粗大、暗黑。由图 2-24e)可知:镁整体呈亮白色粒状,由多粒堆积成形,结构紧密;钙呈粗大块状。由图 2-24f)可知:镁整体呈白色细块状,钙呈暗黑粗大块状。由图 2-24g)可知:铝整体呈亮白色细块状,钙呈粗大块状堆积。

图 2-25 为不同隧道结晶体试样电镜扫描结果,可以看出:在白岩脚隧道得到的碳酸钙结晶体样品形貌显细针状,长径比较大,排列散乱,结构疏松;在小湾隧道得到的碳酸钙结晶体样品长径比减小,短棒状和立方状粒子共存;在大河隧道得到的碳酸钙结晶体样品形貌呈堆积状,长径比明显减小;在新店子隧道得到的碳酸钙结晶体样品形貌开始出现绒球状。

图 2-25 不同隧道结晶体试样电镜扫描结果

对现场取样结晶体进行电镜扫描(SEM),其扫描结果如图 2-26~图 2-28 所示,其试样分组与表 2-2 相同。虽然同为方解石结晶,但根据其结晶形态和形成的机理可将其划分为两类。

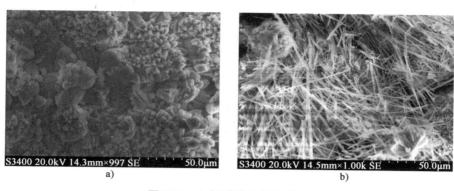

图 2-26　A 组试样电镜扫描图

图 2-27　D 组试样电镜扫描图

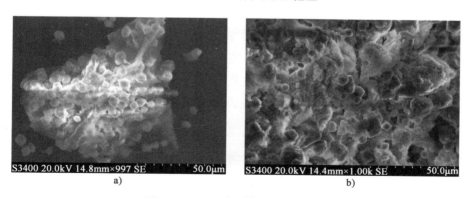

图 2-28　E、F 组试样电镜扫描图

(1) 附着生长型方解石结晶

A 组试样取样处为较早完成衬砌施作的位置,其电镜扫描图如图 2-26a)所示。可见,A 组试样中,方解石微观结构就类似于自然条件下溶洞内沉积的方解石,方解石结构致密,直接附着在排水管道管壁内,未经搬运沉积,并且随着 Ca^{2+} 的不断补充,方解石晶体不断生长,最终形成难以清除的堵塞物。

(2)搬运沉积型方解石结晶

D组试样取样处仅完成初喷和防水板,其电镜扫描图如图 2-27 所示。E、F 组试样为隧道排水管道中水样悬浮物经冻干处理后的试样,其电镜照片如图 2-28 所示。D 组试样中方解石形态与管道水中悬浮方解石 E、F 组的形态类似,均呈松散颗粒状。其形成位置并不是在隧道排水管壁之上,而是在管道水溶液中形成,然后经管道内水流搬运后,沉积于管道内部,并逐渐堆积,以致堵塞管道。由能谱图和电镜扫描图片可知,针状钙矾石周围会有方解石大量沉积。钙矾石虽然含量较少,但是其有一定促进方解石在排水系统内沉积的作用。

在同一隧道的排水系统内,发现两种不同形态和形成机理的方解石结晶,可见隧道排水系统结晶问题并非由单一机理控制,故在处治结晶问题时,需要考虑方解石结晶类型。如通过高压水对隧道排水管道进行清理,对于附着生长型方解石晶体过小的水压清理效果就可能收获甚微。对于搬运沉积型方解石结晶就可通过对隧道排水系统结构进行优化,从控制沉积的角度进行防治。

2.7 本章小结

(1)所调研的 4 座隧道排水管道水流温度 7 月集中于 10~22℃,12 月集中于 4~11℃;排水管道流速 7 月集中于 0.6~1.2m/s,12 月集中于 0.2~0.7m/s。

(2)结晶体特征表现:

①宏观形貌:呈乳白色,表面较为光滑,有少量因为夹杂泥沙等碎屑略显暗黄、粗糙,主要分布在初期支护喷射混凝土表面、二次衬砌排水管出口附近表面、排水管内侧。

②微观形貌:存在细针状、短棒状、立方状、堆积状、绒球状等。

③组分:方解石($CaCO_3$)含量占比都在 90%以上。

(3)地质调查发现,在白云岩区修建的隧道,出现管道堵塞情况较多,且在隧道出水口、横向排水管、纵向排水管处结晶堵塞明显。

(4)水质分析知,离子种类有 Ca^{2+}、Mg^{2+}、Al^{3+} 等,统计出各离子质量分析范围、浓度范围,进而确定室内模型试验离子种类。

(5)利用 XRD、EDS、SEM 分析结晶粉末的元素含量、物相等特征,从形和量的角度分析结晶体的特点。结晶粉末中含有 K、Ca、Mg、Al、Na 等元素,其结晶类元素中 Ca 含量较大、Mg 次之、Al 含量较小。

(6)水镁石 $Mg(OH)_2$、方解石 $CaCO_3$ 的微观结构分别取决于镁、钙的微观结构,钙矾石 $CaAl_2(SO_4)_3(OH)_2·26H_2O$ 的微观结构取决于铝、钙的微观结构。

(7)晶体方解石 $CaCO_3$ 呈白色,晶体水镁石 $Mg(OH)_2$ 呈亮白色,铝与钙共同形成钙矾石 $CaAl_2(SO_4)_3(OH)_2·26H_2O$ 晶体,也有部分乳白色 $Al(OH)_3$ 晶体。

(8)岩溶隧道排水系统中结晶体物质主要成分为方解石,并会伴有白云石、水镁石和少量钙矾石沉淀结晶。针状钙矾石周围会吸附大量方解石沉积。钙矾石虽然含量较小,但是其有一定促进方解石在排水系统内沉积的作用。

(9)同一隧道排水系统中存在附着生长型方解石结晶和搬运沉积型方解石结晶两种不同形态的方解石,故需从结晶形态角度综合考虑具体的处治方案。搬运沉积型方解石结晶在隧道衬砌后发生去白云化反应形成,再由地下水携带进入隧道排水系统;附着生长型方解石结晶在排水系统内发生反应,直接附着于隧道排水管管壁。

第3章

CHAPTER THREE

白云岩隧道排水系统混合溶液结晶条件、过程及机理

根据第 2 章可知,白云岩区隧道排水管中的水含有 Ca^{2+}、Mg^{2+}、Al^{3+}、CO_3^{2-}、Cl^-、SO_4^{2-} 等多种离子。白云岩属碳酸盐岩,其间发生一系列复杂的生物、物理、化学反应形成诸多沉积物、碎屑、泥沙等致使排水管堵塞失效。本章对白云岩排水系统混合溶液的结晶条件、结晶过程开展研究,并介绍了白云岩隧道排水系统混合溶液结晶机理。

3.1 白云岩隧道排水系统混合溶液结晶条件

3.1.1 结晶理论

在白云岩区修建的隧道,排水管中的水质是一种多离子混合溶液,从溶液形成到晶体析出附着在隧道排水管管壁,必然经过溶解、结晶、沉积等过程,而结晶是否形成关键在于溶液与固体间的平衡,结晶理论如表 3-1 所示。

结晶理论　　　　　　表 3-1

序号	理论基础	实现过程	晶体产生
1	相平衡	溶液 $\underset{饱和或不饱和}{\overset{过饱和}{\rightleftharpoons}}$ 晶体	相平衡过程不产生晶体,只有当溶液处于过饱和溶液时才能产生结晶
1	溶解度	跟温度、浓度、离子组成有关	反应固体与液体间、溶质的溶解能力大小,受溶剂与溶质的相互影响
2	溶度积	与离子反应速率有关	沉淀达到溶解平衡,离子浓度不变,溶度积保持恒定
2	过饱和度	溶质不析出现象	溶液处过饱和状态,结晶析出
3	溶解度曲线	溶质在溶解或溶液达到饱和状态时的曲线	不产生结晶
3	超溶解度曲线	溶液达到饱和时,加入溶质,此时溶液呈过饱和状态,其曲线称过饱和曲线	产生晶体

3.1.2 晶体聚并与破碎

在晶体形成过程中,可能出现再结晶,即二次成核,此过程主要包括晶体聚并、破碎。晶体聚并是指:处于成核或生长的晶体与其他晶体发生碰撞、融合、分离等,以及部分晶粒粘在一起形成新的晶粒,晶核再次生长的现象。晶体破碎是指:部分晶粒被撞碎,使得晶粒变小,重新成为更小的晶体。一般情况下,晶体聚并、破碎与溶液过饱和度相关,过饱和度越大,成晶面积就越大、晶粒越多、体积越大,这增加了晶粒碰撞的可能性。晶体聚并与破碎过程如图3-1所示。

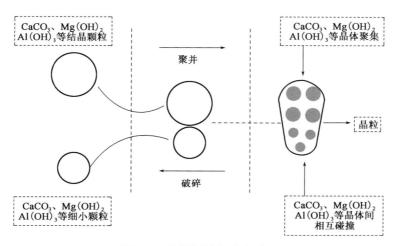

图3-1 晶体聚并与破碎过程

3.2 白云岩隧道排水系统混合溶液结晶过程

3.2.1 结晶过程

溶液中析出结晶,主要取决于溶液的状态,溶液存在不稳定区、稳定区、介稳状态。只有溶液处于介稳状态时,才会发生晶体析出。其溶液结晶主要包括过饱和溶液、晶核形成、晶核生长变大、结晶堆积析出。

如图3-2所示,溶液在 A 点处于欠饱和状态,随温度降低,溶液在 B 处进入介稳区,温度再次降低,溶液从介稳区穿越不稳定区,此时出现大量结晶,结晶析出后,溶液浓度降低,温度也在降低,此时溶液回到 D 点,处于介稳区,表示结晶完成。

结晶特点:当溶质处于溶解过程时,溶液处于不饱和状态,此时不析出结晶。若要结晶,需往溶液中加入溶质,溶液处于不稳定区;当溶质和溶液按照化学反应配比进行反应时,在其他恒定条件下溶质充分溶解,溶液达到饱和状态,此时溶液处于稳定状态,无晶体析出;当溶质过量时,溶液处于过饱和状态,此时有晶体析出,处于介稳状态。

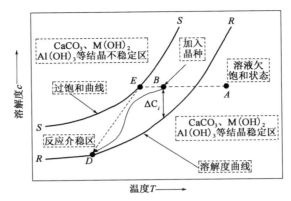

图 3-2 溶液结晶过程

3.2.2 晶核形成

晶核是指过饱和溶液中最初生成的微小晶粒,晶核是晶体成长必不可少的条件。晶核形成条件:①要使溶液体系的浓度达到过饱和态,只有当达到过饱和态,结晶才可能会发生,即过饱和态是结晶的必要条件;②溶液体系中也应该必须存在一些微小固体,这些固体可以作为结晶中心、种子、胚胎或晶核等。

3.2.3 晶体生长

在饱和溶液中,溶质分子不断运动,晶核作为晶体中心,不断结合溶质,这就导致晶体不断扩大局部面积,形成大面积结晶。根据晶体生长理论可知,晶体生长主要步骤为:①溶质溶解,且不断向晶体四周扩散,聚集在晶核周围;②晶核与溶质分子结合,溶质分子嵌入晶格之中;③溶液结晶时,产生的热量,一部分作为溶质溶解驱动力,另一部分由晶体表面传递至溶液,可增加晶体生长面积。

3.3 白云岩隧道排水系统混合溶液结晶机理

3.3.1 生物结晶机理

1)微生物因素的影响

微生物包括菌类、原生生物、显微藻类等,具有个体微小、生长繁殖快等特点。在白云岩区隧道排水管中,尤其在富氧区易助长微生物,使得管壁内径变小,形成堵塞,部分微生物可自动调节 CO_2 含量及 Ca^{2+}、Mg^{2+}、Al^{3+} 等离子组成。

微生物可调节水质 pH 值,加速外界 CO_2 溶解,部分新陈代谢产生的 O_2,给微生物提供生长条件,结晶区域不断扩大,甚至充满管壁;某些微生物诱导大气中的 CO_2 或呼吸作用产生的 CO_2 溶于水,易与 Ca^{2+}、Mg^{2+} 等离子形成结晶沉淀或者碳酸盐。因此微生物对排水管结晶堵塞影响十分复杂,阻止微生物生长,可有效减轻排水管堵塞程度,防止因管道结晶堵塞严重而失效。微生物结晶致塞如图 3-3 所示。

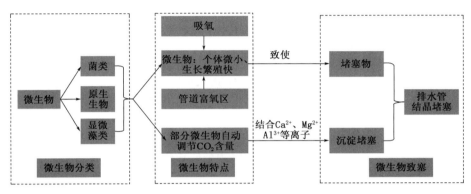

图 3-3 微生物结晶致塞

2)植物因素的影响

植物在白天可利用 H_2O、CO_2 等进行光合作用,释放出 O_2、葡萄糖为植物生长提供营养,且植物根系发达,故白云岩易产生裂隙破坏,使得排水管所受围岩压力发生变化而破损,部分泥沙随水流入管道,造成堵塞;植物在夜间进行呼吸作用,产生的 CO_2 溶于水,使得地下水中 CO_2 含量增加,与白云岩作用,使碳酸盐岩增多,部分不溶于水形成结晶沉淀,进而造成排水管道堵塞。光合作用吸收 CO_2、呼吸作用释放 CO_2 处于动态平衡,CO_2 浓度的变化可致使结晶沉淀物形成,植物的固砂防流作用可有效防止水土流失、泥沙随水流进入管道。因此,植物对白云岩区隧道排水管堵塞影响是十分复杂的,具体如图 3-4 所示。

3.3.2 物理结晶机理

1)地质构造因素的影响

白云岩区隧道地下水是由多离子组成的,属于混合溶液,硬度小,易受腐蚀,在地下水冲刷作用下易溶解,产生大量的碎片、碎渣、颗粒等,加之地下水的溶蚀、渗流作用,促进白云岩裂隙、孔隙发育,形成新的地下水通道。地下水运动时会携带许多碎片、碎渣、颗粒等进入管道,堆积于排水管排水坡度低洼处,堆积物随时间推移造成隧道排水管堵塞。

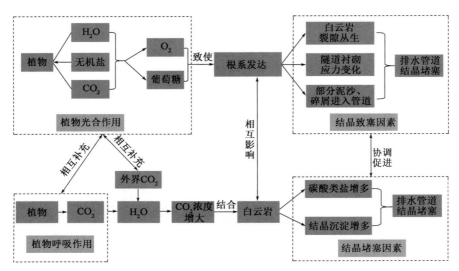

图 3-4 植物因素结晶致塞

在白云岩破碎断层区，CO_2、SO_2、NO_2 等气体浓度相对较高，在隧道施工过程中，围岩压力变小，温度降低，气体受到干扰而从岩层中释放。当气体含量逐渐增加时，隧道排水管中溶解的气体量也增大，地下水侵蚀性随之变强，此过程打破气体的溶解平衡，促进隧道排水管内沉淀结晶，从而使隧道排水管堵塞。

2) 气温因素的影响

气温主要与降水量有关，降水量与地表水补给地下水有关，地下水又与隧道排水管结晶堵塞息息相关。

降雨时，地表水补给地下水，但它们之间离子组成存在差异，使得白云岩受到混合溶蚀（混合溶蚀是指离子组成不同的溶液混合，使得地下水离子浓度平衡发生变化，导致地下水的侵蚀性、腐蚀性、渗透性增强）。在降雨过大时，地下水受到稀释，使得地下水离子浓度平衡被打破，导致 Ca^{2+}、Mg^{2+}、Al^{3+}、CO_3^{2-} 等离子的溶解平衡受到破坏，进而使排水管结晶堵塞。

3.3.3 化学结晶机理

1) 结晶过程

根据第 2 章表 2-5、表 2-8 可知，白云岩隧道排水系统水样中，含有 Ca^{2+}、Mg^{2+}、Na^{+}、K^{+}、Cu^{2+}、Zn^{2+}、Ba^{2+} 等阳离子，CO_3^{2-}、SO_4^{2-}、HCO_3^{-} 等阴离子。依据离子间相互作用，主要反应可能有：

$$HCO_3^- \rightleftharpoons H^+ + CO_3^{2-} \tag{3-1}$$

$$HCO_3^- + H^+ \rightleftharpoons CO_2 \uparrow + H_2O \tag{3-2}$$

$$Ca^{2+} + CO_3^{2-} \rightleftharpoons CaCO_3 \downarrow \tag{3-3}$$

$$Ca^{2+} + SO_4^{2-} \rightleftharpoons CaSO_4 \downarrow \tag{3-4}$$

$$CaSO_4 + CO_3^{2-} \rightleftharpoons CaCO_3 \downarrow + SO_4^{2-} \tag{3-5}$$

$$Ca^{2+} + 2HCO_3^- \rightleftharpoons CaCO_3 \downarrow + CO_2 \uparrow + H_2O \tag{3-6}$$

$$Mg^{2+} + OH^- \rightleftharpoons Mg(OH)_2 \downarrow \tag{3-7}$$

$$Mg^{2+} + 2HCO_3^- \rightleftharpoons MgCO_3 \downarrow + CO_2 \uparrow + H_2O \tag{3-8}$$

$$Mg^{2+} + CO_3^{2-} \rightleftharpoons MgCO_3 \downarrow \tag{3-9}$$

$$MgCO_3 + Ca^{2+} \rightleftharpoons CaCO_3 \downarrow + Mg^{2+} \tag{3-10}$$

$$Al^{+3} + 3OH^- \rightleftharpoons Al(OH)_3 \downarrow \tag{3-11}$$

$$Al^{+3} + 3HCO_3^- \rightleftharpoons Al(OH)_3 \downarrow + 3CO_2 \uparrow \tag{3-12}$$

$$Al(OH)_3 + OH^- \rightleftharpoons AlO_2^- + 2H_2O \tag{3-13}$$

$$Ba^{2+} + CO_3^{2-} \rightleftharpoons BaCO_3 \downarrow \tag{3-14}$$

$$Ba^{2+} + SO_4^{2-} \rightleftharpoons BaSO_4 \downarrow \tag{3-15}$$

$$Ba^{2+} + 2HCO_3^- \rightleftharpoons BaCO_3 \downarrow + CO_2 \uparrow + H_2O \tag{3-16}$$

$$Cu^{2+} + 2OH^- \rightleftharpoons Cu(OH)_2 \downarrow \tag{3-17}$$

$$2Cu^{2+} + 2CaCO_3 + H_2O \rightleftharpoons Cu_2(CO_3)(OH)_2 \downarrow + 2CaSO_4 \downarrow + CO_2 \uparrow \tag{3-18}$$

经式(3-3)~式(3-18)化学反应,得到如表3-2所示的沉淀类型。

沉淀类型 表3-2

沉淀类型	颜色	化学性质	水解	晶体形状
$CaCO_3$	白色	溶于酸	显碱性	纤维状
$BaCO_3$	白色	溶于酸	显碱性	粒状
$MgCO_3$	白色	溶于酸,微溶	显碱性	无定形
$CaSO_4$	白色	溶于酸,微溶	显碱性	柱状
$BaSO_4$	白色	溶于酸	显碱性	板状晶型
$Al(OH)_3$	白色固体	溶于酸、碱	弱碱性	单晶六方形细片状
$Mg(OH)_2$	白色、灰白色	溶于酸	显碱性	板状、叶片状
$Cu(OH)_2$	蓝色	溶于酸	显碱性	絮状
$Cu_2(CO_3)(OH)_2$	绿色	溶于酸	显碱性	葡萄状

2)结晶分析

由第2章可知:经SEM电镜扫描、XRD试验、水质检验,Cu^{2+}、Ba^{2+}含量很少,近似为

0,故在晶体沉淀中一般可忽略。

由式(3-5)可知：在 $CaSO_4$ 沉淀最终会转化为 $CaCO_3$ 沉淀,进而在反应充分时,不析出 $CaSO_4$ 晶体,而 Ca^{2+}、Mg^{2+} 会自发地与 HCO_3^-、SO_4^{2-}、CO_3^{2-} 离子发生反应。

Al^{3+} 生成的 $Al(OH)_3$ 沉淀呈两性,能溶于酸与碱,而白云岩属碳酸盐岩,而白云岩主要化学成分为 $CaCO_3$,水解呈碱性,一部分 $Al(OH)_3$ 沉淀溶解生成偏铝酸盐,另一部分以 $Al(OH)_3$ 晶体形式存在。

综上所述发现,在结晶类型中可能有 $CaCO_3$、$MgCO_3$、$Al(OH)_3$、$Mg(OH)_2$ 等沉淀,部分离子结晶机理如图 3-5 所示,混合溶液反应结晶机理如图 3-6 所示。

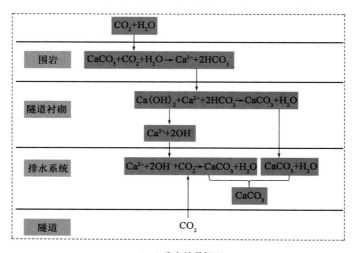

a) Ca^{2+} 致塞结晶机理

b) Mg^{2+} 致塞结晶机理

图 3-5

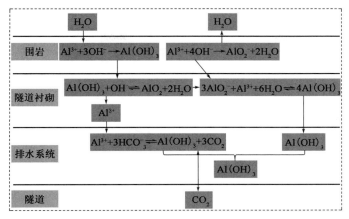

c) Al^{3+} 致塞结晶机理

图 3-5　部分离子结晶机理

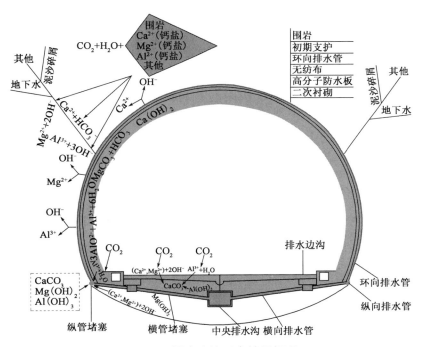

图 3-6　混合溶液反应结晶机理

3.3.4　人为结晶机理

1）工程设计方面的因素

隧道涌水量受到多种因素影响,导致涌水量无法进行精确定量,加之隧道排水管布置依据《公路隧道设计规范　第一册　土建工程》(JTG 3370.1—2018),环管与纵管、纵管与横管间一般采用"T"形连接,如图 3-7 所示。无法精准确定涌水量时,传统隧道纵向排水管布置方式就会难免出现部分区段涌水量多,排水系统达不到排放要求,部分区段排水量少,排水系统排水能力远超实际涌水量,在涌水量多的区段可能就会出现反向排水的情况,如果水体中含有大量 Ca^{2+}、Mg^{2+}、Al^{3+}、HCO_3^- 等离子,排水管中可能发生结晶堵塞。

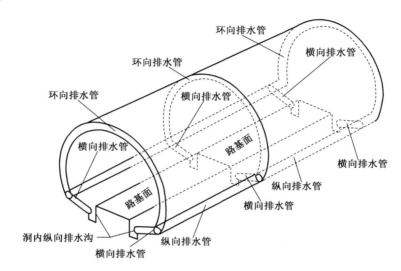

a) 隧道排水系统

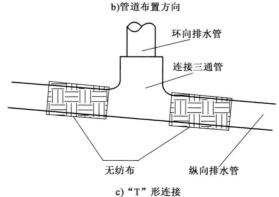

b) 管道布置方向

c) "T"形连接

图 3-7 传统排水布置方式

2)工程施工方面的因素

隧道排水管正确施工对隧道后期正常运营有巨大影响,若施工不当或操作不规范,可能造成排水管堵塞,影响正常使用。

一般而言,某些施工单位或作业人员未按照规定进行施工,导致水位高程不准,造成排水设计坡度与实际坡度存在误差,隧道排水信息不准确,致使排水管排水能力无法预估,从而影响隧道排水管排水能力,造成一定程度的沉淀结晶。有时,施工人员在施工时可能造成管道破损、堵塞、混凝土垢,部分泥沙、碎屑随水流进入管道,阻碍隧道正常排水,从而造成结晶堵塞。

3.4 本章小结

(1)隧道排水管结晶堵塞分为生物、物理、化学等多种堵塞,且形成条件都是由微观到宏观、由小到大,附着在隧道排水管上,若不采取措施,会导致隧道排水管堵塞,危及隧道安全。

(2)结晶体形成过程比较复杂,溶液中析出晶体需经过晶核形成→晶核生长→晶核聚并或破碎→晶体等过程。

(3)影响结晶堵塞因素有微生物、植物、地质、气温等,但 Ca^{2+}、Mg^{2+}、CO_3^{2-}、OH^- 之间的相互化学反应形成沉淀也是致塞因素之一。归纳出 Ca^{2+}、Mg^{2+}、Al^+ 等离子致塞机理(混合溶液结晶致塞机理),致塞物主要成分有 $CaCO_3$、$Mg(OH)_2$、$Al(OH)_3$ 等。

(4)管道堵塞结晶机理可分为生物结晶、物理结晶、化学结晶、人为结晶等机理,机理之间相互影响,且非常复杂。

第4章

CHAPTER FOUR

温度及流速对排水管道结晶影响模型试验

为探究温度及流速对排水管道结晶形成的影响,开展排水管道结晶室内循环试验,以期解决以下两个问题:①温度(5℃、10℃、15℃、20℃、25℃、30℃、35℃)对排水管道结晶形成的影响;②流速(0.2m/s、0.4m/s、0.6m/s、0.8m/s、1.0m/s、1.2m/s)对排水管道结晶形成的影响。

4.1 试验原理

该试验目的是研究隧道排水系统中$CaCO_3$结晶的影响因素及破除对策,考虑到实际工程施工及运行情况下结晶周期长,故选择在室内试验条件下,依靠人工配制硬水的试验方法,展示结晶过程,缩短试验循环周期。在第2章研究中发现,结晶体中方解石$CaCO_3$占比高达90%以上,故而室内模型试验以$CaCO_3$作为主要结晶研究对象,对其结晶过程进行模拟。

在室内循环试验溶液制备中,依据式(4-1)、式(4-2)所示原理,以去离子水作为溶液溶剂,以无水氯化钙和碳酸氢钠作为溶质,依据试验设计配制相应的$CaCO_3$过饱和溶液,以模拟不同梯度温度及流速对结晶形成的影响。

$$2HCO_3^- + Ca^{2+} \longrightarrow CaCO_3 \downarrow + CO_2 \uparrow + H_2O \tag{4-1}$$

$$2NaHCO_3 + CaCl_2 \longrightarrow 2NaCl + CaCO_3 \downarrow + H_2O + CO_2 \uparrow \tag{4-2}$$

难溶强电解质在一定温度条件下,其饱和溶液中难溶物和各离子间存在多相动态平衡,即沉淀-溶解平衡。难溶强电解质溶液任一时刻(不一定是饱和状态),各离子浓度以化学计量数为指数的幂的乘积称为离子积(R),而当达到沉淀-溶解平衡(饱和状态)时,该值称作溶度积常数(K_{sp})。因离子积是表示体系在任何情况下离子浓度幂的乘积,故该数值不定。因此可以根据R和K_{sp}的相对大小判断溶液体系的平衡状态,即溶度积原理。以碳酸钙为例,其原理如下:

$$CaCO_3 \rightleftharpoons Ca^{2+} + CO_3^{2-} \tag{4-3}$$

任一时刻,$R = [Ca^{2+}][CO_3^{2-}]$,当$R > K_{sp(CaCO_3)}$时,表示溶液过饱和,有$CaCO_3$沉淀生成。

当$R = K_{sp(CaCO_3)}$时,表示溶液饱和,处于沉淀溶解平衡状态,既无$CaCO_3$沉淀析出,亦无$CaCO_3$溶解。

当$R < K_{sp(CaCO_3)}$时,表示溶液不饱和,若体系中存在$CaCO_3$沉淀,将有$CaCO_3$发生溶解。

过饱和度是结晶的必要条件,过饱和度除了与溶解度有关外,还受到热力学、动力学(结晶、流体)等多种因素的影响。

温度的变化,不仅会影响流体的动力学性质,还会改变 $CaCO_3$ 和 CO_2 的溶解度。$CaCO_3$ 和 CO_2 的溶解度随温度升高而减小,诱使 CO_2 逸出,碳酸钙沉淀析出加快,从而改变式(4-1)所示化学反应式的进程。图 4-1 表示 $CaCO_3$ 溶液的浓度-温度关系曲线,曲线 Ⅰ 代表 $CaCO_3$ 溶液溶解度曲线,体系处于饱和状态,曲线 Ⅰ 下方和上方分别表示不饱和状态和过饱和状态。不饱和状态下吉布斯自由能最小,

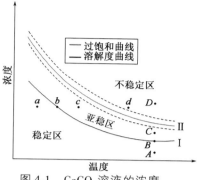

图 4-1 $CaCO_3$ 溶液的浓度-温度关系曲线

体系最稳定,不会结晶,称为稳定区。曲线 Ⅱ 表示 $CaCO_3$ 溶液过饱和曲线,该曲线不唯一,受多种因素制约,因此该曲线是一簇曲线(位于且平行于曲线 Ⅱ 附近)。过饱和曲线将溶液过饱和状态分为亚稳定区和不稳定区,在亚稳定区,溶液不会自发结晶,需增加外界条件才能结晶,而在不稳定区,溶液体系稳定性差,能自发结晶。由图 4-1 可知,温度的增加,会诱使处于稳定区的 a 点向饱和状态 b 点过渡,温度继续增加,继而达到过饱和状态 d 点,同时还会伴随溶液的蒸发,使溶液浓度增大,更利于结晶体的析出。在同一温度下,溶液浓度的升高亦会使不饱和状态的 A 点过渡到过饱和状态的 D 点。

4.2 试验装置设计

4.2.1 试验材料

在课题组前期研究基础上改装该试验装置。试验装置主要分为供水系统、试验系统和温控系统。供水系统主要满足试验循环的供水、集水以及为试验溶剂提供充分混合的场所;试验系统包括纵管和环管;温控系统主要根据试验需要自动调节循环溶液温度,以提供相应恒温环境。主要试验系统仪器(设备)规程、型号如表 4-1 所示。

主要试验系统仪器(设备)规程、型号　　　表 4-1

系统名称	仪器(设备)名称	规格、型号	数量/用量
供水系统	集水箱	50cm×50cm×50cm	1
	溶质稀释箱1	30cm×26cm×40cm	1

续上表

系统名称	仪器(设备)名称	规格、型号	数量/用量
供水系统	溶质稀释箱2	30cm×26cm×40cm	1
	变频水泵	P1-6000	1
	PVC 管	$\phi50$	若干
	PVC 直角弯头	$\phi50$	8
	PVC 球阀	$\phi50$	7
	PVC 斜三通	$\phi50$	1
试验系统	弹簧软管	$\phi75$	若干
	90°PVC 大小头	$\phi75/110$	2
	PVC 直角弯头	$\phi110$	2
	PVC 直连接头	$\phi110$	6
	聚乙烯塑料(PE)半壁波纹管	$\phi110$	若干
温控系统	压缩机	QD85Y	1
	铜蒸发管	$\phi12$	若干
	干燥过滤器	$\phi110\times\phi18.5$	1
	U 形加热管	220V、2kW	1
	毛细管	$\phi2$	若干
	交流接触器	CJX2-1810	1
	控温器	BF-D110A	2
	散热器	25cm×320cm	1
	保温棉	3cm	若干
其他	烧杯	300mL	3
	量筒	100mL	1
	角钢	30mm×30mm	若干
	电导率仪	DDS-11A	1
	防水胶布	—	若干
	切割机	—	1
	电子天平	精度0.01g	1
	水工剪	—	1

4.2.2 装置加工

1)支座系统

为满足试验管段坡度要求,保证控温系统安全,试验共设三组支座,即供水系统支座、试验系统支座及控温系统支座,采用 30mm×30mm 角钢焊接而成,见图 4-2。

a)供水系统支座　　　　　b)试验系统支座　　　　　c)控温系统支座

图 4-2　支座

2)供水系统设计

供水系统(图 4-3)包含集水箱、溶质稀释箱、变频水泵以及若干控制水阀、连接管、连接件。集水箱主要为温控系统中的制冷管(蒸发器)和加热管提供充足的接触时间和空间,以提高调节温度的及时性和可靠性;溶质稀释箱主要在循环试验启动前为 $NaHCO_3$ 和 $CaCl_2$ 提供充分稀释的场所;变频水泵可灵活调节频率,并结合各控制水阀,以提供试验需要的流速及流量,溶液循环至集水箱之后,通过变频水泵抽送至高水位进行下一循环试验。各连接件处用 PVC 强粘胶水固定,防止漏水。

a)连接件　　　　　　　　b)变频水泵

图 4-3　供水系统

3)试验系统设计

试验系统主要包含 $\phi110$ 纵管(PE 半壁波纹管)和 $\phi75$ 环管(弹簧软管)。为了试验结束烘干管件时能顺利放入烘箱,将纵管切割为 50cm 长的管段,环管切割为 150cm 长时管段。管段之间利用 $\phi110$ 直连接头、($\phi110\sim\phi75$)90°大小头、$\phi110$ 直角弯头进行连接。为保证密封性及方便拆卸,管段与接头间用防水胶布粘连,而不用 PVC 强粘胶水固定,如图 4-4c)所示。试验系统共设置两个平行试验组,每个试验组包括环管(0 号)、纵管(1~4 号、6~9 号)和横管(5 号、10 号),每个循环试验结果取平均值计算。纵管材质不透明,为方便观察各管段结晶情况,为每个管道设置 20cm×6cm 的观察口;环管材质半透明,可观察结晶情况,故不设观察口。

a) 试验管段切割　　　　　　b) 试验管段编号　　　　　　c) 试验管段拼接

图 4-4　试验系统

4) 温控系统设计

现有的恒温水箱的温度控制一般是基于冷水机组和电加热管的组合。恒温水箱的温度控制是基于 PID 算法来达到控制效果的,基本思路是通过温度传感器铂电阻测量恒温水箱中介质的温度,将电阻信号传输给温度变送器,转换为标准电压信号后传输给 PID 调节表,然后通过测量值与设定值的比较结果去推动执行机构改变冷源和热源的输出量,进而实现恒温水箱内的介质温度控制。

温控系统采用单路温度控制器进行制冷制热模式控制,单路温度控制器温控原理如图 4-5 所示。

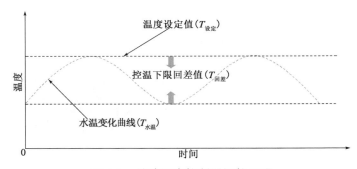

图 4-5　单路温度控制器温控原理

其温控输出原理为:

在 H(制热)模式下,当 $T_{水温} \geq T_{设定}$ 时,继电器常开点断开,停止输出;当 $T_{水温} < (T_{设定} - T_{回差})$ 时继电器常开点重新吸合,开启制热输出。

在 C(制冷)模式下,当 $T_{水温} \leq T_{设定}$ 时,继电器常开点断开,停止输出;当 $T_{水温} > (T_{设定} - T_{回差})$ 时,继电器常开点重新吸合,开启制冷输出。

温控系统里制热模式使用 U 形电加热管实现制热功能,而制冷模式则采用制冷剂蒸发并吸收热量而达到制冷效果,其制冷原理具体如图 4-6 所示。

温控系统包括蒸发器、压缩机、温控器、冷凝器干燥器及加热管等组件,其设计图及实际模型如图 4-7 所示。

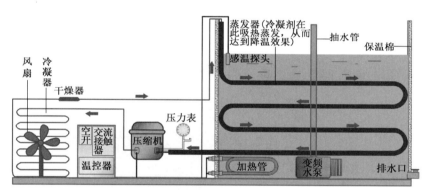

图 4-6 制冷原理

图 4-7 温控系统

5) 室内循环试验装置

室内循环试验装置三维设计图及实际模型如图 4-8 所示。

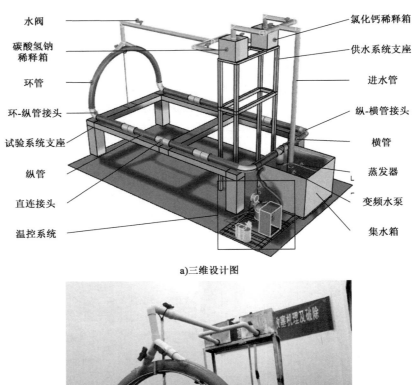

图 4-8 室内循环试验装置

4.3 试验方案设计

4.3.1 试验分组

1）温度试验组

试验的目的是研究不同溶液温度对隧道排水管道结晶形成的影响规律，从控制排水管内温度出发对隧道排水管结晶防治提出针对性防治建议。通过温控系统可实现溶液温度的调节与控制，继而进行不同温度结晶试验。

由 2.4 节可知,西部地区不少隧道隧址区地下水温度常年处于 4~22℃ 之间,但这缺乏对已施作于衬砌中排水管内流体温度的采集。在隧道初期支护和二次衬砌施作时,由于水泥水化反应会释放大量的水化热,这使得地下水进入排水系统时温度有所升高,混凝土水化热造成的温升可用式(4-4)计算:

$$T = \frac{Q(G_1 + kG_2)}{c\rho} \tag{4-4}$$

式中:T——累积温升(℃);

Q——水泥产生的水化热(kJ/kg),普通硅酸盐型水泥为 330kJ/kg;

G_1——水泥质量(kg);

G_2——混合材料质量(kg);

c——比热容[kJ/(kg·℃)];

ρ——密度(kg/cm³);

k——折减系数,粉煤灰取 $k=0.25$。

受隧道环境及衬砌结构接触状态的影响,水化热造成的温升不会达到最大值,但不可避免地会使排水管道温度有一定程度的升高,故在调研数据的基础上扩展试验温度范围,进行 7 个温度(5℃、10℃、15℃、20℃、25℃、30℃和 35℃)结晶试验。

2)流速试验组

试验目的是研究不同溶液流速对隧道排水管道结晶形成的影响规律,从而从流速角度对隧道排水管道堵塞病害防治提出针对性防治建议。

由水力学原理可知,直径不变的长直无压圆管,其水流状态与明渠均匀流相同,它的水面坡度 J_p、水力坡度 J 及底坡 i 彼此相等,即 $J_p = J = i$。除此之外,无压圆管均匀流还具有这样一种水力特性,即流速和流量分别在水流为满流之前,达到其最大值。也就是说,其水力最优情形发生在满流之前。

隧道排水管道的过流断面如图 4-9 所示。水流在管中的充满程度可用水深 h 与直径 d 的比值,即充满度 $g = h/d$ 表示。由几何关系可得各水力要素间的关系如下:

$$S = \frac{d^2}{8}(\theta - \sin\theta) \tag{4-5}$$

式中:S——过流断面面积(m²);

d——管道直径(m);

θ——充满角(°)。

$$\kappa = \frac{d}{2}\theta \tag{4-6}$$

式中:κ——湿周(m)。

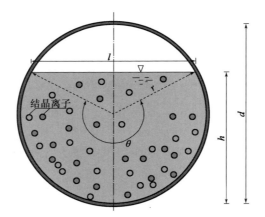

图 4-9 隧道排水管道的过流断面

$$R = \frac{S}{\kappa} = \frac{d}{4}\left(1 - \frac{\sin\theta}{\theta}\right) \tag{4-7}$$

式中:R——水力半径(m)。

$$l = d\sin\frac{\theta}{2} \tag{4-8}$$

式中:l——水面宽度(m)。

$$v = \zeta\sqrt{Ri} = \frac{\zeta}{2}\sqrt{d\left(1 - \frac{\sin\theta}{\theta}\right)i} \tag{4-9}$$

式中:v——流速(m/s);

ζ——谢才系数($m^{\frac{1}{2}}/s$),$\zeta = \frac{1}{n}R^{\frac{1}{6}}$,其中 n 为管壁粗糙系数,塑料管道取 $n = 0.01$;

i——管道坡度(%)。

$$Q = \zeta S\sqrt{Ri} = \frac{\zeta}{16}d^{\frac{5}{2}}\sqrt{\frac{(\theta - \sin\theta)^3}{\theta}i} \tag{4-10}$$

式中:Q——流量(m^3)。

$$g = \frac{h}{d} = \sin^2\frac{\theta}{4} \tag{4-11}$$

式中:g——充满度(%)。

在《公路隧道施工技术规范》(JTG/T 3660—2020)中,纵向排水盲管的排水坡度应与隧道纵坡一致,管径不应小于100mm;设有中心排水沟的隧道,横向排水盲管排水坡度不应小于1.5%,直径不应小于50mm。结合规范和工程实际,试验所设置的纵管和横管排水坡度均为2%,均使用 PE 半壁波纹管,管道内径为100mm。由式(4-5)~式(4-11)可计算得,当充满角 θ 为257.26°,即水深 h 为8.12cm 时,为其最优水力情形,此时无压排水管道内流体能达到的最大速度 v_{max} 为 1.38m/s。

由 2.4 节可知,所调研的排水管内流体流速 7 月集中于 0.6~1.2m/s,12 月集中于 0.2~0.7m/s,故根据以上最优水力情形及调研数据,进行 6 个流速(0.2m/s、0.4m/s、0.6m/s、0.8m/s、1.0m/s 和 1.2m/s)试验组试验。

通过调节变频水泵和各水阀,即可实现对溶液流速的控制,继而进行不同流速结晶试验。而流体点流速的测量则可借助皮托管(图 4-10)实现,将弯端管口相对来流方向平行置于流体之中即可实时读数。

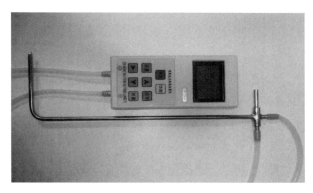

图 4-10 皮托管(流速计)

4.3.2 评价指标

1)结晶量

对于不同温度及流速对排水管道结晶的影响,最主要的评价指标便是沉积于管壁的结晶量,故实现对结晶量的精准记录是准确分析影响机理的重要基础。试验利用差量法,将试验前后排水管道质量相比较即得结晶量,如式(4-12)所示:

$$M_2 = M_1 - M_0 \tag{4-12}$$

式中:M_0——试验前管道烘干质量(kg);

M_1——试验后管道烘干质量(kg);

M_2——管道结晶质量(kg)。

2)结晶速率

确定结晶过程的主要指标之一是溶液中的离子浓度,因为在一定程度上浓度随时间的变化可以反映结晶动力学。结晶过程中的浓度变化,可通过化学或物理方法测量。化学方法首先需要中止试验,然后进行化学分析,化学方法较为烦琐,但可以确定浓度的绝对值。物理方法可以监测与溶解物质含量有关的各种属性的变化数据,如电导率和 pH

值,物理方法方便快捷,可实时记录。在本试验中,即通过监测溶液电导率变化来掌握溶液浓度变化。

将结晶动力学应用于 $CaCO_3$ 结晶过程的研究表明,$CaCO_3$ 的结晶过程符合结晶动力学一般规律,可分为成核和晶粒生长阶段。成核和晶粒生长过程可以用一级动力学速率方程来表达:

$$\begin{cases} C = C_0 e^{-K_i t} & (i=1,2) \\ \ln C = -K_i t + \ln C_0 & (i=1,2) \end{cases} \quad (4\text{-}13)$$

式中:C_0——溶液中初始离子的浓度(mol/L);

C——时间 t 后溶液中离子的浓度(mol/L);

t——反应时间(s);

K_1——晶核生长的反应速率常数(s^{-1});

K_2——晶粒长大速率常数(s^{-1})。

由 Ahrrenisu 方程可知,速率常数(K)与溶液温度(T)的关系可用式(4-14)表示:

$$K = A\exp\left(-\frac{E_a}{RT}\right) \quad (4\text{-}14)$$

式中:K——反应速率常数(s^{-1});

A——常数;

E_a——活化能(J/mol);

R——气体常数,$R = 8.314 J/(mol \cdot K)$;

T——温度(K)。

然而,影响晶体形成速率的因素很多,很难将成核与晶核生长过程划清界限,所以试验中只能通过观察和记录测试溶液的电导率变化来分析温度和流速对结晶速率的影响。

3)致塞系数

在试验中为评价环管、纵管和横管的结晶情况,定义致塞系数(λ),用致塞系数表示单位长度试验管段的结晶量,如式(4-15)所示:

$$\begin{cases} \lambda_{环} = \dfrac{\sum_{i=1}^{n} m_{i环}}{l_{环}} \\ \lambda_{纵} = \dfrac{\sum_{i=1}^{n} m_{i纵}}{l_{纵}} \\ \lambda_{横} = \dfrac{\sum_{i=1}^{n} m_{i横}}{l_{横}} \end{cases} \quad (4\text{-}15)$$

式中：$\lambda_环$——环管致塞系数(g/m)；

$\lambda_纵$——纵管致塞系数(g/m)；

$\lambda_横$——横管致塞系数(g/m)；

i——第i组试验；

n——试验组数；

$m_{i环}$——第i次试验环管结晶量(g)；

$m_{i纵}$——第i次试验纵管结晶量(g)；

$m_{i横}$——第i次试验横管结晶量(g)；

$l_环$——模型装置环管总长(m)，取1.5m；

$l_纵$——模型装置纵管总长(m)，取4.0m；

$l_横$——模型装置横管总长(m)，取1.0m。

4.4 试验流程

4.4.1 装置检查与清洗

1）检查

试验装置在加工过程中难免出现瑕疵，为检查排水管道各连接件间是否存在渗漏水情况，在正式试验开始前预先注入大量流水进行循环，观察试验装置里流水循环状况，在出现渗漏水的位置继续使用防水胶布进行加强密封，以解决渗漏水问题。直至试验循环系统能够保持良好的动态平衡，变频水泵可以长时间以正常状态进行工作。

2）清洗

为排除无关离子对试验造成干扰和误差，试验选用去离子水作为清洗液、溶解剂。首先对试验水箱、试验管道进行去杂质化清洗，使其表面保持清洁、无污物状态，另外在整个试验过程中均使用去离子水作为试验溶剂。

4.4.2 试验溶液配制

溶液配制见表4-2。

表 4-2 溶液配制

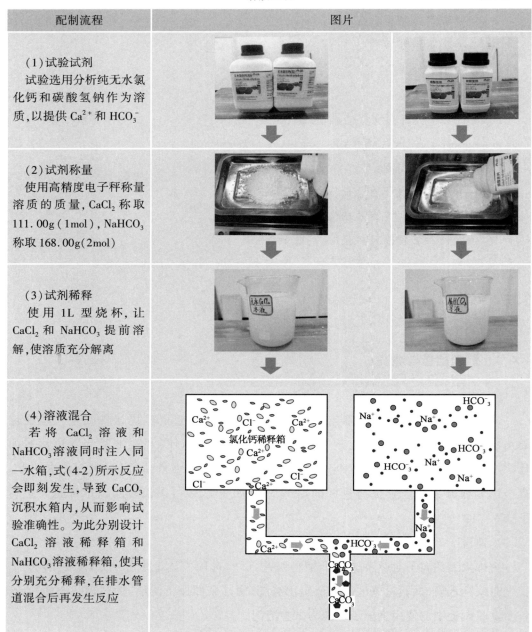

4.4.3 正式循环试验

完成装置清洗和溶液配制后即进入正式试验：

（1）在集水箱中注入 88L 无离子水（试验溶液总体积 90L，而使用烧杯提前溶解的

$CaCl_2$ 溶液和 $NaHCO_3$ 溶液已各占 1L,故此时只需注入 88L 蒸馏水);

(2)启动温控装置,将感温探头置入水箱中,调节单路温度控制器(图 4-11)预设试验所需水温,使蒸馏水温度预先达到预设水温;

(3)达到预设水温后,开启变频水泵,让蒸馏水在试验管道里流动循环,依靠调节变频水泵转速和各辅助水阀控制流速,以满足试验所需流速;

(4)待循环水流处于动态平衡状态时,将已溶解的 $CaCl_2$ 溶液和 $NaHCO_3$ 溶液分别注入 $CaCl_2$ 溶液稀释箱和 $NaHCO_3$ 溶液稀释箱(试验以此作为试验起点,以 7d 作为一个试验循环周期),同时记录电导率变化值;

(5)定时通过观察口观察水流状态、结晶状态,测量流速、温度、pH 等;

(6)达到试验周期后,测量试验终点水流 pH 等值,关闭水泵、温控装置;

(7)待试验管道内水流流尽后,开始逐次拆卸试验管道,并以恒温恒湿干燥箱(图 4-12)烘干试验管道(烘干温度 60℃,烘干时间 8h);

图 4-11　单路温度控制器　　　图 4-12　恒温恒湿干燥箱

(8)使用高精度电子秤称量烘干后管道质量,并利用差量法与试验前管道质量(图 4-13)相比较从而得出管道结晶质量;

图 4-13　排水管段试验前称重、编号

(9)将试验管道结晶体进行电镜扫描试验,借以观察其微观结构;

(10)开始下一组循环试验,试验管道不重复使用,按同样方法重新加工拼接。

4.5 温度对排水管道结晶形成的影响试验

4.5.1 试验现象

如图 4-14 所示,试验管段结晶明显,从环管到纵管再至横管结晶量逐渐增大。

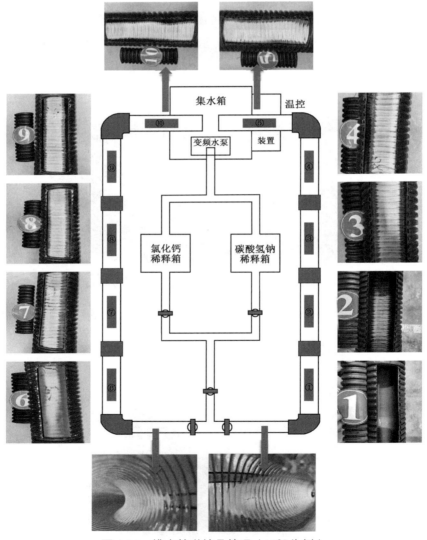

图 4-14 排水管道结晶情况(15℃为例)

4.5.2 试验数据记录

1)结晶量

试验管段经过烘干称量后,不同温度条件下各试验管段结晶量如表 4-3 所示。

不同温度条件下各试验管段结晶量(单位:g)　　表 4-3

管道编号		温度(℃)						
		5	10	15	20	25	30	35
环管	0	0.21	0.44	0.52	0.84	1.18	1.35	1.31
纵管	1	0.49	1.53	2.24	2.82	3.44	3.68	3.85
	6	0.44	1.57	2.13	2.78	3.61	3.55	3.93
	平均值	0.47	1.55	2.19	2.80	3.53	3.62	3.89
	2	0.54	1.58	2.32	2.94	3.36	3.79	3.94
	7	0.48	1.61	2.21	2.79	3.50	3.68	4.04
	平均值	0.51	1.60	2.27	2.87	3.43	3.74	3.99
	3	0.63	1.66	2.43	3.05	3.45	3.82	4.01
	8	0.58	1.74	2.29	2.98	3.54	3.71	4.08
	平均值	0.61	1.70	2.36	3.02	3.50	3.77	4.05
	4	0.68	1.83	2.45	3.02	3.48	3.86	4.11
	9	0.71	1.91	2.42	3.16	3.61	3.75	4.14
	平均值	0.70	1.87	2.44	3.09	3.55	3.81	4.13
横管	5	0.87	1.86	2.61	3.14	3.63	3.90	4.15
	10	0.84	1.83	2.52	3.32	3.66	3.81	4.21
	平均值	0.86	1.85	2.57	3.23	3.65	3.86	4.18

2)电导率

试验开始每隔 1min 记录一次电导率值,但在试验过程中发现溶液电导率在试验开始初期存在一个急速下降的过程,这个过程持续约 10min,之后下降趋于平缓。故在后续的试验中采取前 10min 每隔 1min 测记录一次溶液电导率,后面每隔 5min 测一次,记录试验第一小时内的变化情况。各温度条件下试验第一小时内电导率数据记录如表 4-4 所示。

电导率数据记录表(单位:ms/cm)　　表 4-4

时间(min)	温度(℃)						
	5	10	15	20	25	30	35
0	10.98	10.94	10.92	11.00	10.83	10.65	10.69
1	10.83	10.75	10.63	10.43	10.32	9.94	9.75

续上表

时间(min)	温度(℃)						
	5	10	15	20	25	30	35
2	10.69	10.54	10.21	9.93	9.53	9.16	8.99
3	10.61	10.44	10.08	9.56	9.13	8.76	8.63
4	10.55	10.35	9.92	9.36	8.87	8.56	8.21
5	10.46	10.15	9.66	9.09	8.51	8.10	7.62
6	10.34	10.04	9.49	8.95	8.42	7.99	7.34
7	10.24	9.93	9.39	8.84	8.36	7.93	7.33
8	10.15	9.86	9.30	8.79	8.31	7.88	7.28
9	10.09	9.78	9.22	8.74	8.28	7.85	7.23
10	9.93	9.67	9.16	8.71	8.20	7.80	7.14
15	9.62	9.39	8.94	8.59	8.08	7.68	7.09
20	9.47	9.27	8.77	8.48	7.95	7.52	6.92
25	9.40	9.11	8.62	8.34	7.74	7.38	6.89
30	9.33	9.05	8.52	8.26	7.71	7.27	6.84
35	9.23	8.94	8.48	8.23	7.61	7.16	6.72
40	9.18	8.83	8.38	8.12	7.50	7.04	6.62
45	9.12	8.69	8.32	8.07	7.42	6.98	6.56
50	9.04	8.53	8.24	8.04	7.38	6.90	6.45
55	9.00	8.45	8.21	7.96	7.30	6.87	6.40
60	8.95	8.33	8.10	7.88	7.23	6.83	6.43

4.5.3 结果分析

1) 结晶量

将表4-3结晶量绘制成图,可以看出不同温度条件下的结晶趋势,如图4-15所示。可以看出,随着试验溶液温度的升高,其总体趋势为各试验管段结晶量均不断增加。当试验溶液温度为5℃时,结晶现象不明显,结晶量甚微,溶液温度继续增加,结晶量明显增大,当试验溶液温度为25℃时,结晶趋势逐渐平缓。这是由于温度的降低影响晶体聚合速度、化学反应速度和晶化速度等,所以流体温度的升高会导致结晶体增长率的增大。

由式(4-15)计算得各试验管段致塞系数分别为 $\lambda_{横} = 40.35\text{g/m}$,$\lambda_{纵} = 37.49\text{g/m}$,

$\lambda_{环} = 3.90 \text{g/m}$,由此可见:横管最易结晶,纵管次之,环管最不易结晶。这是由于水流从环管处流出时流速较快,而由于环-纵管接头造成的局部水头损失,流速有所减小;因纵管管壁摩擦力作用,导致纵管碳酸钙微粒容易附着沉积,结晶量故而增大;流至横管处时,又因纵-横管接头局部阻力再次造成局部水头损失,导致流速再次降低,故而横管处结晶最明显。

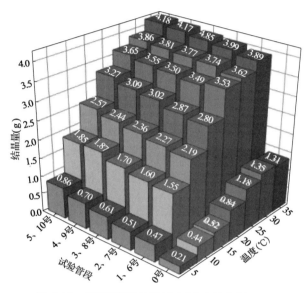

图 4-15 不同温度条件下各试验管段结晶量

随着溶液温度的升高,环管处结晶虽然有所增加,但其在所有试验管道结晶总量中占比不高,当溶液温度从 5℃ 增加至 35℃ 时,其占比分别为 3.4%、2.6%、2.2%、2.8%、3.3%、3.6% 和 3.2%,这是因为环管处于竖面位置,结晶微粒不易在管壁处附着、沉积。因其占比甚微,故在后续试验中不再对环管进行讨论。

针对横管和纵管处比较容易结晶这一问题,建议加大横管坡度和管径,《公路隧道设计规范 第一册 土建工程》(JTG 3370.1—2018)规定横管坡度不得小于 1%,建议在允许范围内尽量增大该值。隧道施工中纵管管径常采用 110mm,横管管径常为 80mm。对于富水地段,建议增大纵管和横管管径,使排水能力与涌水量匹配。调研发现,存在不少既有运营隧道中央排水沟因未及时清淤而导致严重堵塞,若想对其加以治理,唯有破除路面,这样会产生高昂的维护成本。由此可见,将中央排水沟深埋于隧道仰拱中央(图 4-16),不仅延长了横管长度,还因封闭于路面之下,不利于清淤检修。针对这一工程弊病,建议隧道排水系统设计优先考虑选择不设中央排水沟型(图 4-17),由路面中央并入路面两侧边沟,使边沟和中央排水沟功能一体化,加大排水能力,且不需要破除路面便可打开活动盖板直接清理结晶体或泥沙淤积。预制拼装排水管建议调整为现浇矩形边沟结构，或者更换为摩阻更低的材料，可降低流阻，减少堵塞物淤积。

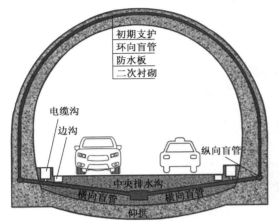

图 4-16　设中央排水沟型隧道排水系统

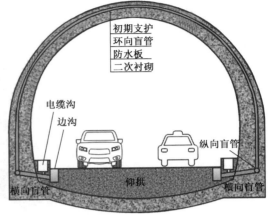

图 4-17　未设中央排水沟型隧道排水系统

2）结晶速率

不同温度条件下溶液电导率变化曲线如图 4-18 所示。由图 4-18 可以看出，各溶液温度下，电导率变化曲线均存在一个下降较快的时间段，之后下降速率便呈现平缓的趋势。

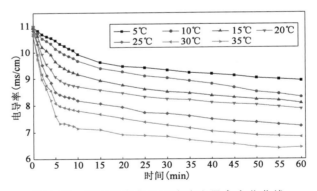

图 4-18　不同温度条件下溶液电导率变化曲线

化学动力学和热力学理论表明，温度是影响反应过程和速率的主要因素之一。这是因为：一是，当溶液中 Ca^{2+} 和 CO_3^{2-} 刚开始反应时，相互碰撞结合的概率较高，反应速率较快，而随着反应的进行，溶液中的 Ca^{2+} 和 CO_3^{2-} 含量降低，故而反应速率逐渐减慢；二是，根据盐的作用，NaCl 属于强电解质，增加了离子间的相互牵制作用，溶液的活性系数随之改变，降低了 Ca^{2+} 和 CO_3^{2-} 的活性系数，NaCl 会增加 $CaCO_3$ 的溶解度，对 $CaCO_3$ 的结垢过程造成一定的抑制。因此,当 $CaCl_2$ 和 $NaHCO_3$ 的过饱和溶液混合时,成核即刻发生,产生的 $CaCO_3$ 晶体数量增加,溶液的电导率迅速下降,随后发生二次成核,Ca^{2+} 和 CO_3^{2-} 在已经形成的碳酸钙颗粒界面上结合,形成碳酸钙团簇,使溶液变得浑浊。由此可见,溶液里结晶离子晶核生长、晶粒长大均在较快时间里基本完成,而在之后的时间里发生的是晶粒吸附沉积的过程。

当溶液温度分别为 5℃、10℃、15℃、20℃、25℃、30℃ 和 35℃ 时,试验前 1h 内,其电导率平均下降速率分别为 0.034ms/(cm·min)、0.043ms/(cm·min)、0.047ms/(cm·min)、0.052ms/(cm·min)、0.060ms/(cm·min)、0.064ms/(cm·min)、0.071ms/(cm·min)。由此可见,电导率变化速率与温度成正比。

就实际工程而言,当渗入排水管道的地下水富含结晶离子时,结晶离子难以避免发生聚合生长,这于结晶防治时机有三方面启示:一是,从源头上减少结晶离子的聚合,我们无法消除地下水自身含有的结晶离子,但可采取措施降低地下水对衬砌的冲刷和侵蚀,或者调整衬砌混凝土配合比,从而减少衬砌中 Ca^{2+} 等结晶离子溶出进入排水盲管中;二是,允许结晶离子发生聚合,但在进入纵向和横向排水盲管前采取相应措施"诱导"其主动结晶,并集中沉积,集中清理,如采用电化学除晶法;三是,允许结晶离子发生聚合,并进入纵管和横管,但应采取相应手段阻止结晶粒子吸附并沉积于排水盲管管壁,继而避免管道堵塞,如采用超声波除晶法、电磁除晶法等。

3)结晶体微观结构

不同温度梯度下碳酸钙结晶体 SEM 图如图 4-19 所示。由图 4-19 可以看出,随着试验溶液温度的升高,试验所得碳酸钙结晶体样品的粒径逐渐增大。当溶液温度在 10℃ 以下时,结晶体样品呈针状;当溶液温度为 20℃ 时,碳酸钙结晶体样品形貌均为立方状;当溶液温度为 25℃ 时,所得结晶体样品中立方状粒子与圆球状粒子并存;当溶液温度在 30℃ 以上时所得碳酸钙结晶体样品全部为圆球状。上述分析表明:碳酸钙晶体的形态随着溶液温度改变而发生显著变化。随着溶液温度的提高,碳酸钙结晶体粒径增大,长径比减小,粒子形貌由针状变为短棒状和立方状,再过渡到圆球状。

这是由于:一是,溶液中分子的布朗运动受到温度的制约,温度升高,分子的布朗运动程度加强,分子间碰撞的概率越大,凝聚现象越明显,导致碳酸钙晶体粒径增大;二是,温度升高,二氧化碳溶解度增加,致使溶液中碳酸根离子增多,加剧了碳酸钙晶体的生长;三是,温度升高,反应速率提高,晶体表面活性急剧增加,导致晶粒的团聚现象更加严重。

图 4-19 不同温度梯度下碳酸钙结晶体 SEM 图

4.5.4 防治建议

就实际工程而言，隧道排水系统处于初期支护和二次衬砌的"包围圈"之中，排水管内流体受地热、衬砌水化热和隧洞内气温三方面因素的影响（图4-20）。

（1）隧道一般处于年恒温带或增温带中，其围岩温度场保持稳定，而隧洞开挖后，由于隧洞内空气流动与外界换热，使得隧洞外周部分围岩温度发生改变，由原来的稳定温度场转化为非稳定温度场，这会打破地下水的平衡状态，使其结晶离子状态和渗流路径均发生改变。

（2）隧道施工中，初期支护喷射混凝土及二次衬砌的水泥水化反应产生并释放大量水化热，向围岩和空气中传递，并且水化热由围岩表面向深层传导，导致初期支护和二次衬砌间的排水管温度大幅升高。尤其在施工初期，初期支护表面和二次衬砌排水口即出现大量结晶体，这极有可能是混凝土早期集中释放大量水化热，且衬砌未足够硬化结晶离子易被溶蚀带出导致的结果。

第4章 温度及流速对排水管道结晶影响模型试验

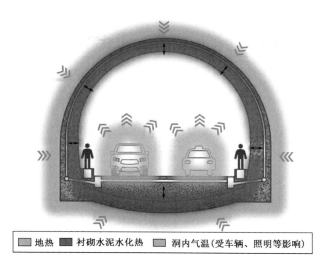

图 4-20 排水管受热环境：地热-水化热-气温

（3）隧道施工和运营期间，受到车辆运行、尾气排放、人员活动和通风照明等因素的影响，使得隧洞内的环境温度上升，当地下水进入隧道排水管道后，其也会有所升温，使得结晶反应向着沉积方向发展，加剧了排水管道结晶致塞。

由于温度升高会加剧排水管内的结晶程度，针对这一问题，应该对优化隧道施工和运营期衬砌温度给予足够的重视，以期避免因温升而加剧结晶的形成。针对该问题，从减小排水管内流体温度出发，提出以下防治建议：

（1）水泥的选用尤为关键。应优先选用水化热较低的粉煤灰型水泥、矿渣型水泥和火山灰型水泥，另外考虑粉煤灰的超量取代，降低水泥用量，优化混凝土配合比设计。掺加适量速凝剂和硅灰，以减少混凝土结晶离子的溶出，因为适量速凝剂可以加速混凝土的凝结硬化，增大混凝土的早期强度，适量硅灰能够填充水泥颗粒间隙而使其更密实，增强其抗冲蚀性能，继而有助于衬砌抗渗流结晶，减少钙离子的渗流通道。

（2）隧道洞内温度随季节性气温变化而明显变化，尤其对于中长隧道洞口段和短隧道衬砌混凝土受气温影响更加明显。特别是在夏季修建的隧道，在浇筑混凝土时应采取降温措施，严格控制混凝土的入模温度。如采取搭设遮阳板等辅助措施来降低混凝土原料的温度；设置散热孔，预埋冷却水管通水排热，达到降低混凝土温度的目的。另外，应该加大隧洞内通风效率，减小车辆运行、尾气排放、人员活动和通风照明等因素对隧洞内环境造成的温升。

（3）环管和纵管靠近二次衬砌侧可设置适量的隔热层，如图 4-21 所示，以减少水泥水化热向排水管内

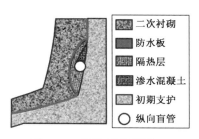

图 4-21 隔热层示意图

传导,避免因地下水进入排水管道之后温升而导致加剧结晶。

4.6 流速对排水管道结晶形成的影响试验

4.6.1 试验现象

由图 4-22、图 4-23 可以看出,在 6 个流速水平下(0.2m/s、0.4m/s、0.6m/s、0.8m/s、1.0m/s、1.2m/s),各试验管段结晶现象随流速水平的升高而明显变化,结晶量逐渐减少,管壁处结晶层逐渐淡薄,结晶面积逐渐加宽。

图 4-22 不同流速条件下试验管段结晶情况(以 3 号试验管段为例)

4.6.2 试验数据记录

不同流速下各试验管段碳酸钙结晶量如表 4-5 所示。

采取和 4.5.2 节相同的电导率测量方法,对不同流速下溶液电导率的变化情况进行监测,其数据如表 4-6 所示。

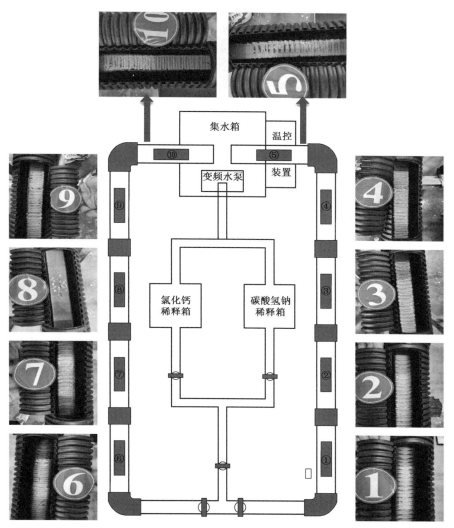

图 4-23　不同试验管段结晶情况（以 0.6m/s 为例）

不同流速下各试验管段碳酸钙结晶量（单位:g）　　　　　表 4-5

管道编号		流速(m/s)					
		0.2	0.4	0.6	0.8	1.0	1.2
纵管	1	5.32	4.74	3.93	3.56	3.32	2.56
	6	4.91	4.46	4.27	3.61	3.12	2.73
	平均值	5.12	4.60	4.10	3.59	3.22	2.65
	2	5.36	4.78	3.96	3.57	3.35	2.58
	7	4.96	4.51	4.27	3.65	3.18	2.76
	平均值	5.16	4.65	4.12	3.61	3.27	2.67

续上表

管道编号		流速(m/s)					
		0.2	0.4	0.6	0.8	1.0	1.2
纵管	3	5.41	4.82	4.05	3.72	3.43	2.64
	8	5.02	4.56	4.34	3.83	3.23	2.71
	平均值	5.22	4.69	4.20	3.78	3.33	2.68
	4	5.46	4.85	4.23	3.94	3.53	2.69
	9	5.12	4.67	4.38	4.12	3.31	2.86
	平均值	5.29	4.76	4.31	4.03	3.42	2.78
横管	5	5.53	4.91	4.22	4.23	3.51	2.73
	10	5.21	4.78	4.42	4.14	3.36	2.84
	平均值	5.37	4.85	4.32	4.19	3.44	2.79

不同流速下溶液电导率变化数据记录表(单位:ms/cm)　　表4-6

时间(min)	流速(m/s)					
	0.2	0.4	0.6	0.8	1.0	1.2
0	11.28	11.14	11.00	10.94	11.02	11.06
1	11.03	10.84	10.75	10.58	10.23	9.99
2	10.94	10.62	10.58	10.17	9.54	9.32
3	10.70	10.34	10.31	9.81	9.08	8.74
4	10.45	9.97	10.03	9.34	8.52	8.22
5	10.23	9.73	9.68	8.86	8.16	7.97
6	10.04	9.51	9.37	8.41	7.97	7.72
7	9.90	9.38	9.18	8.25	7.78	7.59
8	9.76	9.21	9.01	8.06	7.69	7.45
9	9.62	9.07	8.88	7.99	7.59	7.37
10	9.48	8.96	8.77	7.94	7.53	7.31
15	9.20	8.71	8.27	7.80	7.44	7.14
20	8.95	8.51	8.15	7.72	7.32	7.03
25	8.77	8.39	8.09	7.63	7.26	6.91
30	8.58	8.30	7.98	7.51	7.13	6.85

续上表

时间(min)	流速(m/s)					
	0.2	0.4	0.6	0.8	1.0	1.2
35	8.52	8.14	7.92	7.51	7.09	6.76
40	8.35	8.08	7.80	7.42	7.04	6.74
45	8.30	8.02	7.75	7.36	7.03	6.67
50	8.17	7.90	7.68	7.27	6.95	6.61
55	8.07	7.88	7.65	7.24	6.94	6.61
60	8.03	7.87	7.62	7.23	6.91	6.55

4.6.3 结果分析

1)结晶量

不同流速条件下各试验管段的结晶变化趋势大致相同,均呈下降趋势,如图4-24所示。随着入口流速的不断增大,碳酸钙的结晶量逐渐减小。

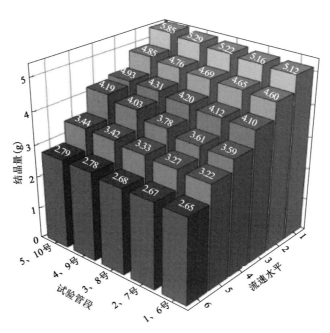

图4-24 不同流速条件下各试验管段结晶量

流体速度对结晶的影响,是其对晶粒沉积(运输和附着)和晶体剥蚀的影响的结合。增大流体速度会增大晶体沉积的速度,但同时由于流体速度的增大而使剥离率的增大更为显著,从而降低了整体生长速度。流速对沉积过程的影响主要在于壁面剪切应力和晶体层本身的强度。如果形成的晶体十分强韧,或者流速很低,晶体就会持续生长。

而在其他生物污垢中,流速对污垢生长的影响亦有双重性。一方面,较低的流速有利于微生物的附着;另一方面,附着的微生物生长需要足够的氧气和营养物质,这需要较高的流速,但微生物又受到高速流体剪切力的限制。

2)结晶速率

将表 4-6 所记录的电导率变化情况绘制为时间-电导率关系图,如图 4-25 所示。可以看出,同一温度条件下的 $CaCO_3$ 过饱和溶液,电导率下降速率依然存在一个较快的阶段,且随着流速的增大,其电导率下降速率越快。当流速分别为 0.2m/s、0.4m/s、0.6m/s、0.8m/s、1.0m/s 和 1.2m/s 时,前 1h 内电导率变化率分别为 0.054ms/(cm·min)、0.055ms/(cm·min)、0.056ms/(cm·min)、0.062ms/(cm·min)、0.068ms/(cm·min)、0.075ms/(cm·min)。由此可见,排水管内流体流速对结晶反应速率的影响较大。

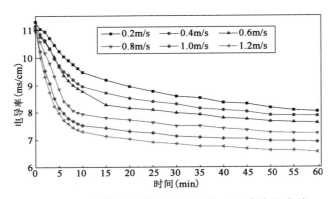

图 4-25　不同流速条件下溶液时间-电导率变化曲线

有两个影响流动的主要原因:一方面,由于管道内壁粗糙和弯管,导致圆管中流体的每个颗粒的流速不均匀;另一方面,氯化钙和碳酸氢钠进入圆管后,结晶速率很快,随即产生沉淀颗粒,管内流体流动状态由液相流动转变为液固两相流动。由于沉淀颗粒极细小,它们在液相流的冲刷下混合并形成团簇。当微团积累到一定大小时,它们不再随液相流体流动,开始黏附在管壁上并形成晶核。

虽然反应速率与流速成正比,但前述分析可知,随着管内流体流速不断增大,碳酸钙的结晶量是逐渐减小的。这就说明,流速增大虽然使得反应速率加快,但流体冲刷力受流速的影响更大,较快的流速使得结晶微粒不易在管壁吸附沉积。通常沉积在管壁上的微粒受下述几种力的作用:范德华力、自黏力、附着力、重力和流体作用力。

4.6.4　防治建议

对于实际工程而言,造成排水管内水流减慢的因素众多,如泥沙、围岩碎片等进入排水管,排水管径不适应涌水量,排水管连接处三通接头多,排水管内壁粗糙、存在设计缺陷,排水管连接方式不合理等,对此提出以下防治建议:

(1)严格控制各排水盲管过滤层松紧度,避免泥沙、围岩碎片进入管内。规范施工工艺,避免因施工导致排水管破损、混凝土块掉入管内。

(2)改变排水管连接方式。较大的流速是减少沉积物和碳酸钙在管道中沉积的前提,通过优化管道连接处的三通形式,尽量减小支管与主管之间的角度,或加大支管与主管连接处的弯度,可以达到降低管道连接处的局部阻力系数,减少局部提升损失,使管内流体保持较高流速的效果。

(3)使用摩阻系数低的管材。管道的摩阻系数对流速有一定的影响,摩阻系数低的材料对管道中的水流阻力较小,这对保持管道的畅通很有帮助。

(4)调整转弯处的曲率半径。管道转弯处,弯管阻力系数受曲率半径(R)影响,$R/d<1$时,阻力系数因R/d减小而急剧增大,因为R/d较小,弯管位置出现漩涡区,局部阻力增大;$R/d>3$时,阻力系数与R/d成正比。故转弯处的曲率半径应在恰当范围内取值。

4.7　温度及流速对结晶影响的关联度分析

温度和流速对排水管结晶影响的试验结果表明:温度越高,排水管的结晶量越大,呈正相关;流速增大,结晶量逐渐减小,呈负相关。温度决定了反应的剧烈程度,而流速直接影响晶体是否会被剥落到液体中。本节采用灰色关联度分析法,对温度和流速对结晶的影响进行研究,以便更直接有效地阐明温度、流速与结晶的相对关联性。

灰色理论的原理相对简单,计算也不复杂,对样本数据的要求也很低,即使得出的数据没有规律,也不影响理论的计算。样本数据若是按照相应的时间序列中给出的,该理论就可根据给定的有限数据集中寻找潜在的变化规律。

灰色关联分析法利用有限的数据和信息来寻找影响因素和结晶量之间的关联性,并以灰色关联度的形式表示。灰色关联度越大,表明影响因子与结晶量之间的关联度越大,计算方法如下:

第一步：确定自变量与因变量矩阵。

选取系统特征行为序列及相关因素比较序列。按照一定的逻辑关系将影响试管段结晶量的因素组成自变量矩阵，相应的试管段结晶量组成因变量矩阵，两者之间呈一一对应关系，具体形式如式(4-16)、式(4-17)所示：

$$U = \begin{bmatrix} U_1 \\ U_2 \\ \vdots \\ U_m \end{bmatrix} = \begin{bmatrix} u_1(1) & u_1(2) & \cdots & u_1(n) \\ u_2(1) & u_2(2) & \cdots & u_2(n) \\ \vdots & \vdots & \ddots & \vdots \\ u_m(1) & u_m(2) & \cdots & u_m(n) \end{bmatrix} \tag{4-16}$$

$$V = \begin{bmatrix} V_1 \\ V_2 \\ \vdots \\ V_m \end{bmatrix} = \begin{bmatrix} v_1(1) & v_1(2) & \cdots & v_1(n) \\ v_2(1) & v_2(2) & \cdots & v_2(n) \\ \vdots & \vdots & \ddots & \vdots \\ v_m(1) & v_m(2) & \cdots & v_m(n) \end{bmatrix} \tag{4-17}$$

式中：$U_i(i=1,2,\cdots,m)$——影响结晶量的因素，本试验里 $m=2$，即温度($℃$)和流速(m/s)；

$V_i(i=1,2,\cdots,m)$——对应的结晶量；

$u_i(j)$——影响因素 i 的第 j 个取值；

$v_i(j)$——$u_i(j)$ 对应的结晶量。

第二步：影响因素去量纲化。

影响排水管道结晶量的因素繁多且复杂，每个因素的量纲存在显著差异，在进行比较时，由于大小和数量级的不同，难以得出正确结论。因此，通常的做法是在计算相关性之前对原始数据进行去量纲化处理，处理方法见式(4-18)、式(4-19)。

$$U'_i = \begin{bmatrix} u'_i(1) & u'_i(2) & \cdots & u'_i(n) \end{bmatrix} \tag{4-18}$$

$$V'_i = \begin{bmatrix} v'_i(1) & v'_i(2) & \cdots & v'_i(n) \end{bmatrix} \tag{4-19}$$

$$u'_i(j) = \frac{u_i(j) - \min u_i(j)}{\max u_i(j) - \min u_i(j)}$$

$$v'_i(j) = \frac{v_i(j) - \min v_i(j)}{\max v_i(j) - \min v_i(j)}$$

第三步：计算差分矩阵。

将去量纲化后的自变量及因变量矩阵相减，取其差值的绝对值组成差分矩阵 W：

$$W = \begin{bmatrix} W_1(1) & W_1(2) & \cdots & W_1(n) \\ W_2(1) & W_2(2) & \cdots & W_2(n) \\ \vdots & \vdots & \ddots & \vdots \\ W_m(1) & W_m(2) & \cdots & W_m(n) \end{bmatrix} \quad (4\text{-}20)$$

式(4-20)中，$W_i(j) = |u'_i(j) - v'_i(j)|$，则灰色关联度可以按照式(4-21)计算：

$$\sigma_i = \frac{1}{n} \cdot \sum_{j=1}^{n} \zeta_{ij} \quad (4\text{-}21)$$

$$\zeta_{ij} = \frac{W_{\min} + \mu W_{\max}}{W_{ij} + \mu W_{\max}}$$

式中：ζ_{ij}——相关系数；

$W_{\min}$、$W_{\max}$——分别为差分矩阵中的最小值和最大值，即 $W_{\min} = \min\{W_i(j)\}$，$W_{\max} = \max\{W_i(j)\}$；

μ——分辨系数，通常取0.5。

第四步：计算关联度。

关联度表示影响因子序列和结晶量序列之间的灰色关联等级，关联度越大，即表征该因素与结晶量联系越紧密。关联度等级在0~1，关联度越接近1表示该因素对结果的影响越大，而当其小于或等于0.6时，该因素对结果的影响可忽略不计。

计算得出 $\sigma_{温度} = 0.812$，$\sigma_{流速} = 0.746$，均大于0.6，表明温度和流速对结晶量都有显著影响，其中温度对结晶量的影响大于流速，且温度对结晶的影响比流速的影响更大。这意味着在结晶过程中，温度起着控制溶液的过饱和程度的作用，在低流速下温度升高也会促进离子扩散，加速结晶的产生；过高的流速在已沉积晶体的试样表面仅起到剥蚀作用。

4.8 排水管道"干湿循环"结晶试验

在旱季，隧道排水管道中存在"无流"的情况，此时结晶体处于"干燥"状态，而当在雨季来临水量较大时，排水管道再次处于淹没状态，可见有必要对"干湿循环"条件对结晶体形成的影响进行试验研究。

试验方法：试验所用溶液为人工配制硬度水，按 $CaCl_2$（分析纯）和 $NaHCO_3$（分析纯）摩尔比1:2、在去离子水中配制。溶液循环流速为0.4m/s，溶液温度为25℃。试验采取结晶—恒温干燥—称重—再结晶的循环模式，每四天称重一次，进行五轮循环，各试验管段结晶累计量如表 4-7 所示,并将其绘制成图,如图 4-26 所示。

各试验管段结晶累计量(单位:g) 表 4-7

管道编号	试验循环次数				
	1	2	3	4	5
1	2.07	3.89	5.59	7.51	9.62
6	2.24	4.19	5.78	7.91	9.85
平均值	2.16	4.04	5.69	7.71	9.74
2	2.26	4.62	7.15	10.09	14.24
7	2.43	4.92	7.34	10.49	14.47
平均值	2.35	4.77	7.25	10.29	14.36
3	2.33	4.57	7.23	11.02	16.03
8	2.50	4.87	7.42	11.42	16.26
平均值	2.42	4.72	7.33	11.22	16.15
4	2.52	5.17	8.25	12.15	17.48
9	2.69	5.47	8.44	12.13	17.29
平均值	2.61	5.32	8.35	12.14	17.39
5	2.65	5.39	8.77	13.18	18.72
10	2.82	5.69	8.96	13.58	18.95
平均值	2.74	5.54	8.87	13.38	18.84

由图 4-26 可以看出,经过五次试验循环后,除 1~6 号之外其余试验管段结晶量增加幅度较前一循环均有所提升,这是因为前一循环试验所沉积于管壁的结晶体增大了管道摩阻力,为下一循环试验结晶体沉积提供了更加便利的条件;另一方面,干燥过程可增大结晶体固结度,使结晶体更加牢固地附着于排水管壁。由此可见,"干湿循环"条件加速了排水管道结晶体的形成。

对于实际工程而言,可秉持"排堵结合,按需排水"理念,预防排水管道频繁发生"干湿循环"加剧结晶,并对此提出防治建议:在地下水结晶离子含量较高,或地下水组分对隧道环境会产生污染的地段宜以"堵"为主,将水体封闭于围岩内。而对于水量较大,其水压对衬砌可产生危害时宜以"排"为主,该段环管进行加密设置,且该段纵向排水管不与普通段相接,使水流就近汇入排水沟,避免水流倒灌。对集中岩溶水体,采取竖向盲管集中引排,直接汇入排水沟,其排水路径独立化,不接入排水系统。

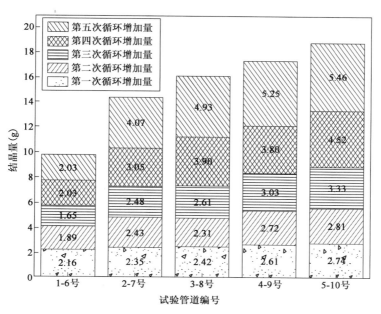

图 4-26 "干湿循环"条件下各试验管段结晶趋势

4.9 本章小结

（1）结晶量与温度呈正相关，且对结晶体粒径、晶型、晶貌均有显著影响。就实际工程而言，排水管内流体受地热、衬砌水化热和隧洞内气温三方面因素的影响，隧洞的开挖打破了地下岩体温度场的平衡，水泥水化热使管内流体产生温升，促进结晶形成；且施工和运营期间因人为因素导致洞内气温升高，亦对管内流体温度产生影响。对此，从降低管内流体温度角度出发，提出三个防治建议：选用水化热较低类水泥、加大隧道通风、对盲管靠近二次衬砌侧设置隔热层。

（2）结晶量与流速呈负相关，且流速对结晶量的影响程度弱于温度。在实际工程中，由于设计不合理、施工不规范等因素均会减小排水管内流体流速，对此从排水管道布置设计、管道选型等方面提出防治建议。

（3）试验发现，横管处最易结晶，纵管次之，环管最难，对此提出结晶防治时机建议：进入环管前，从源头上减少结晶离子的聚合，调整衬砌混凝土配合比，降低地下水对衬砌的溶蚀，减少衬砌中结晶离子的溶出；进入纵管前，采取相应措施"诱导"结晶离子主动结晶，并集中沉积，集中清理；进入纵管后，采取相应措施阻止结晶粒子吸附并沉积于排水管壁，继而避免管道堵塞。

（4）基于灰色关联度理论分析了温度及流速对结晶量影响的相关性，计算得出温度对结晶量的影响程度大于流速，由此推断，在春夏季应重点关注排水管结晶防治问题。

（5）地下水分布复杂，受季节等因素制约明显，对于实际工程而言，应秉持"排堵结合，按需排水"理念，避免排水管频繁出现"干湿循环"而加剧结晶。

第5章

CHAPTER FIVE

管材及管道连接形式对结晶影响模型试验

隧道排水系统预埋于隧道衬砌内部，并且结构较为复杂，要对实地工程管道内部进行监测的难度较大，并且难以控制所要研究结晶的影响因素，通过室内模拟试验装置对影响结晶体的因素进行研究是目前较为常见的方法。本章试验通过对不同隧道排水管道连接方式和排水管材进行研究，并为隧道排水系统结构设计和管材选取提供参考，以减少隧道排水系统内结晶生成淤积。

5.1 试验原理

1) 研究对象

隧道周围的岩溶地下水在进入隧道排水系统后，就会在隧道排水管道内发生反应，最终生成结晶体。并且由第2章中结晶体物相构成可知，方解石$CaCO_3$占比高达90%以上，室内模拟试验以方解石作为主要结晶研究对象，对其结晶过程进行模拟。

2) 试验溶液

基于隧道排水系统内水样检测结果，配制相似模拟溶液，通过使溶液在室内模拟试验装置内部循环，以模拟不同管道连接形式和不同管材对结晶的影响。

基于第2章对结晶机理的讨论，隧道在修建之初，排水系统内反应机理以第二类（衬砌反应机理）和第三类（去白云化反应机理）为主，随时间推移，衬砌中的$Ca(OH)_2$溶解于地下水的量减少，排水系统内水体pH值逐渐减小，反应机理将逐渐转化为第一类机理（岩溶逆反应机理）。出于隧道工程使用年限考虑，隧道长期投入使用后，其长期的反应机理为第一类机理。室内试验模拟以第一类机理作为出发点，模拟排水系统内发生如式(5-1)所示的化学反应，以$NaHCO_3$和$CaCl_2$作为溶质进行溶液配制，其反应见式(5-2)。

$$2HCO_3^- + Ca^{2+} \rightarrow CaCO_3\downarrow + CO_2\uparrow + H_2O \quad (5-1)$$

$$NaHCO_3 + CaCl_2 \rightarrow 2NaCl + CaCO_3\downarrow + H_2O + CO_2\uparrow \quad (5-2)$$

试验试剂选取如图5-1所示。

图5-1 试验试剂选取

5.2 试验材料

试验装置设计图与安装完成后的试验装置如图5-2所示。

按照其功能分为试验模组和供水模组。试验模组可根据具体试验研究对象进行拆卸,例如在研究连接形式对结晶影响时,通过如图 5-2 中装置进行试验模拟,在研究管道材料对结晶影响时,只需将试验模组更换为不同材质管道即可。试验装置参数如表 5-1 所示。

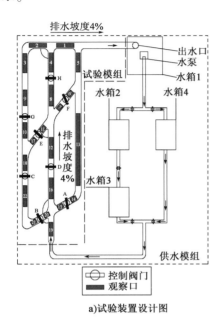

a)试验装置设计图　　　　　　　　　　　b)实际试验装置

图 5-2　试验装置

试验装置参数　　　　　　　　　　　　　　表 5-1

项目	设备名称	规格型号	参数	数量
供水模组	水箱 1	125L	50cm×50cm×50cm	1
	水箱 2	31.2L	30cm×26cm×40cm	1
	水箱 3	31.2L	30cm×26cm×40cm	1
	水箱 4	31.2L	30cm×26cm×40cm	1
	PVC 管道	F50	直径 50cm	按实际情况
	PVC 直角弯头	F50	直径 50cm	7
	PVC 球阀	F50	直径 50cm	6
	变频水泵	P1-6000	50W	1

续上表

项目	设备名称	规格型号	参数	数量
试验模组	高密度聚乙烯（HDPE）管道	F110	直径110cm	按实际情况
	PE半壁波纹管	F110	直径110cm	按实际情况
	PVC管道	F110	直径110cm	按实际情况
	聚丙烯无规共聚物（PPR）管道	F110	直径110cm	按实际情况
	PE阀门	F110	直径110cm	8
	PVC直三通连接头	F110	直径110cm	按实际情况
	45°PVC斜三通连接头	F110	直径110cm	按实际情况
	PVC直角转接头	F110	直径110cm	按实际情况
	防水胶布、电工胶布	—	—	按实际情况
测量仪器	电子天平	—	精度0.01g	1
	水银温度计	—	量程0~100°C	1
	笔式酸度计	P301	精度0.1	1
	烘箱	110-3AB型	烘干温度60°C	1
	直尺	—	精度0.01cm	1

5.3 试验装置

1）支座加工

根据《公路排水设计规范》（JTG/T D33—2012），公路隧道内排水管道排水坡度不宜小于3%，试验选取4%排水坡度，通过在整体装置底部加装的可调节支座对排水坡度进行控制，支座采用30mm×30mm角钢进行焊接。

2）管道连接

供水模组处，管道与水箱间连接加装防水橡胶垫片，PVC管道与PVC管件间通过强力粘接胶进行连接，外层覆盖电工胶布来防止漏水。

试验模组处，PE管道与PVC管件之间通过防水胶布连接，外层覆盖电工胶布来防止漏水，PE管道与PE管件通过热熔焊接，如图5-3所示。

整体装置加工组装完成后，对其进行清洗检漏，对渗漏位置重新加工密封，直至水泵通电运行多个周期后，水箱内水位不发生变化，如图5-4所示。

图 5-3　管道连接

图 5-4　管道切割与冲洗

3）观察孔切割

为便于观察试验模组中管道内结晶情况，进行管道连接形式对结晶影响试验研究。在管道上部切割出 22 个观察孔，并对其进行编号，如图 5-2 所示。

5.4　试验步骤

1）准备工作

将试验装置清洗完毕后，关闭供水模组内所有球阀，并根据所进行的试验组，对试验模组中 A~H 阀门进行调整。

2）配制溶液

经多次试验尝试后发现，若将 $NaHCO_3$ 和 $CaCl_2$ 同时加入同一个水箱中，或先后加入同一个水箱,反应即刻就会发生[图 5-5a)],会导致结晶体附着于水箱内[图 5-5b)],最终在试验管道中观察到的结晶现象较不明显,故两种不同溶质分别由不同的水箱加入,待溶解后,最终在试验管道内混合反应。

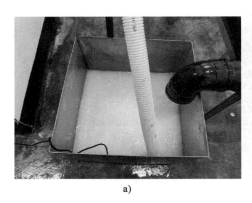 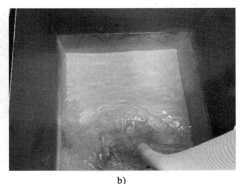

图 5-5 溶液在水箱内发生反应

在水箱 1 内加入 90L 无离子水,称取 504g 的 $NaHCO_3$(6mol)和 213g 的 $CaCl_2$(3mol),分别从水箱 2 和水箱 4 内分多次加入水中,每次加入时进行搅拌,待溶质溶解后再继续添加;待溶质完全溶解,打开供水模组中所有阀门,让溶液进入试验模组内进行混合反应;开启水泵,将水泵功率调节至 20%。

3)试验测量

在连接形式对结晶影响试验组中,由于整体试验装置限制,且考虑到后续需进行的试验组,因此刮取管道内结晶体后,进行烘干称量。

在连管材对结晶影响试验组中,为更精确测得管道内结晶体质量采取切割管道的方法,将切割后的管道整体烘干,然后进行称量(图 5-6),并对每次试验时水温和 pH 值进行测量记录。

图 5-6 试验管道烘干称量

5.5 试验设计

1）连接形式对结晶影响试验组

试验的目的是通过模拟多种管道连接情况,尝试各种管道连接方式对隧道排水系统结晶形成的影响,并找到隧道排水系统中最可能发生结晶堵塞的位置,最终进一步地从结构上对隧道排水系统结构进行优化。

通过控制阀门 A～H,即可实现模拟在不同连接形式下,地下水流经隧道排水管道时的结晶情况,共计 4 种连接形式如表 5-2、图 5-7、图 5-8 所示,图中箭头表示水流在试验模组中的流向。每组试验周期为 15d,15d 后关闭水泵,待水流完全从试验模组中排出后,在管道内刮取结晶体,并烘干、称量、记录,试验记录表如表 5-3 所示。

连接形式　　　　　　　　　　　　　　　　　　　表 5-2

连接形式	开启阀门	关闭阀门
1	D、H	A、B、C、E、F、G
2	A	B、C、D、E、F、G、H
3	D、F	A、B、C、E、G、H
4	B、C、G	A、D、E、F、H

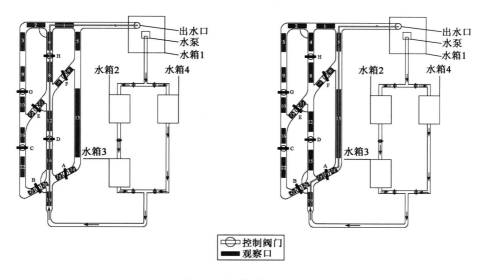

图 5-7　连接形式 1、2

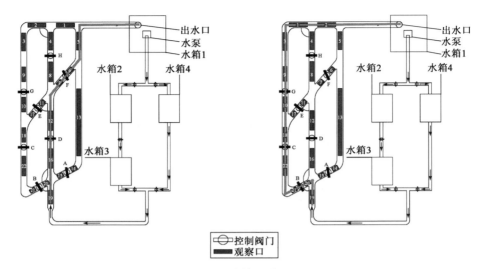

图 5-8 连接形式 3、4

连接形式对结晶影响试验记录表 表 5-3

观察口编号	1	……	22	pH 值	水温(℃)
连接形式 1 结晶体质量(g)					
连接形式 2 结晶体质量(g)					
连接形式 3 结晶体质量(g)					
连接形式 4 结晶体质量(g)					

2)管材对结晶影响试验组

试验的目的是通过模拟不同材料管道产生结晶,对比分析常规管材中最不易产生结晶的管道材质类型,从而对隧道排水系统管材进行优选。

研究管材对结晶影响时,更换原试验模组,其装置如图 5-9 所示。每组试验周期为 15d,试验记录如表 5-4 所示。

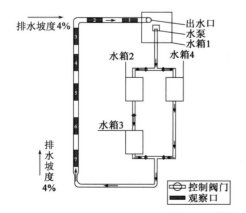

图 5-9 管材对结晶影响试验装置图

管材对结晶影响试验记录表　　　　　表 5-4

观察口编号	1	……	7	pH 值	水温(℃)
HDPE(g)					
PVC(g)					
PPR(g)					
半壁波纹管(g)					

经 15d 后,每组试验各管道内结晶情况如图 5-10 ~ 图 5-13 所示。

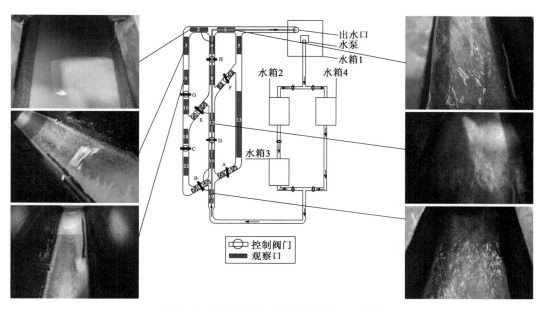

图 5-10　模拟情况 1 结晶情况（15d 后）

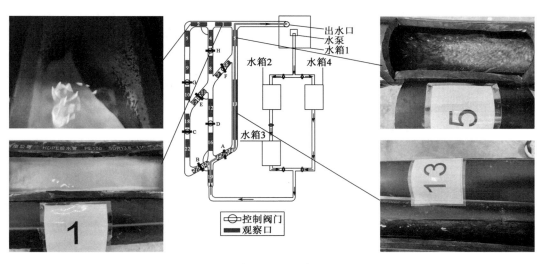

图 5-11　模拟情况 2 结晶情况（15d 后）

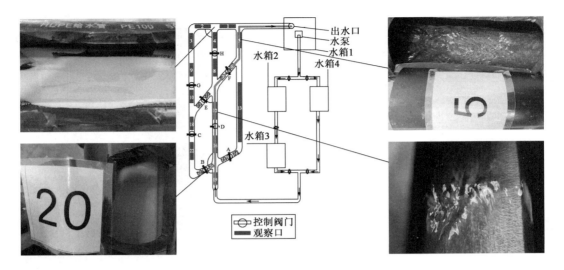

图 5-12　模拟情况 3 结晶情况（15d 后）

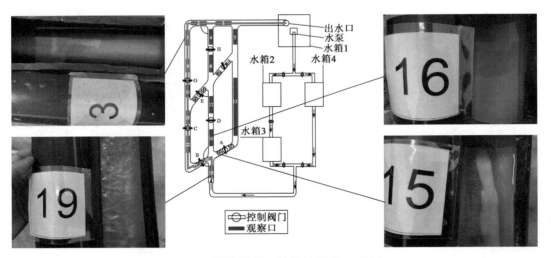

图 5-13　模拟情况 4 结晶情况（15d 后）

5.6　管材对结晶的影响试验

5.6.1　试验现象

替换室内结晶模拟装置的试验模组后，进行管材对结晶影响试验研究，HDPE 管道、PPR 管道、PVC 管道、半壁波纹管道结晶情况如图 5-14、图 5-15 所示。

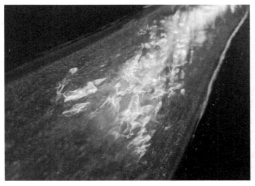

图 5-14　HDPE 管道、PPR 管道结晶情况（15d 后）

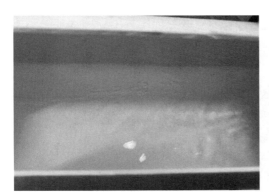

图 5-15　PVC、半壁波纹管道结晶情况（15d 后）

5.6.2　试验数据

模拟试验结束后，关闭水泵，待试验模组中循环水流尽后，将管道按照观察口位置对试验模组中试验管道进行切割、烘干、称量，结晶体质量如表 5-5 所示，其不同观察口与结晶质量如图 5-16 所示。

不同管材结晶体质量记录表　　表 5-5

观察口编号	1	2	3	4	5	6	7	pH 值	水温（℃）
HDPE 管道	1.60	1.81	0.73	2.39	3.57	1.92	0.64	8.7	16.1
PVC 管道	3.01	2.56	1.99	2.29	4.67	2.57	3.92	8.6	14.5
PPR 管道	1.39	1.55	0.95	2.07	3.13	1.92	0.05	8.6	15.0
半壁波纹管道	2.80	2.33	1.53	1.78	2.99	2.63	1.09	8.3	15.2

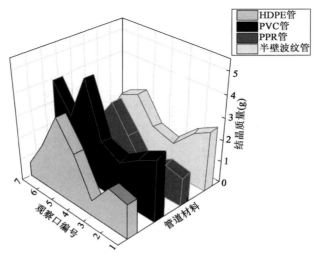

图 5-16 不同观察口与结晶质量

5.6.3 试验结果分析

对不同管材管道内结晶体质量进行统计并计算 15d 的平均结晶速度,结果如表 5-6 所示。

不同管材结晶总质量和平均结晶速度　　　表 5-6

不同管材管道	结晶总质量(g)	平均结晶速度(g/d)
HDPE 管道	12.66	0.844
PVC 管道	21.01	1.401
PPR 管道	11.06	0.737
半壁波纹管道	15.15	1.010

由表 5-6 可知,在相同条件下,不同材料管道中结晶总质量由大到小排列如下:PVC、半壁波纹管道、HDPE、PPR。

由试验现象可明显看出,$CaCO_3$ 晶体在半壁波纹管、HDPE 管、PPR 管中结晶的形式较为类似,$CaCO_3$ 晶体虽然都会附着在管壁上,但是都呈点状分布;PVC 管道试验组中,$CaCO_3$ 晶体的形式就与以上三类管道存在明显的差异,PVC 管道与结晶体颜色都为白色,现以观察口 7 处的放大照片进行展示,如图 5-17 所示,在 PVC 管道试验组中 $CaCO_3$ 晶体呈片状(图中矩形框区域)沉积并附着于管道底部。

基于管道连接形式对结晶影响的试验,可知对于排水管道内发生的结晶问题而言,管道中水流速度起着关键的影响作用。对于排水管道流速可通过下式进行计算:

$$v = C \cdot \sqrt{R \cdot I} \tag{5-3}$$

$$C = \frac{1}{n} \cdot R^{\frac{1}{6}} \tag{5-4}$$

式中：v——流速（m/s）；

R——水力半径（m），即管道过水面积与湿周比的比值；

I——水力坡度（%）；

C——谢才系数（$m^{\frac{1}{2}}/s$）；

n——管壁粗糙系数，塑料管取 0.01。

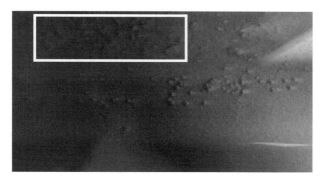

图 5-17　PVC 管道试验组观察口 7 处的放大照片

在其他条件相同的情况下，管壁粗糙系数越小，管道内水流速度越大，常见管材的粗糙系数通常在 0.009~0.011，试验所用 4 种管材的粗糙系数也介于上述数值区间，在试验最初开始的状态下其管道内水流速度差别不大。

由图 5-16 可知，在观察口 7 处水流速度较大，除 PVC 管道的其他管道试验组中，此段管道内结晶量都较少。造成这种现象的原因可能是 $CaCO_3$ 晶体在不同管材上的结晶方式不同，在结晶附着量较少的 HDPE 管道、PPR 管道、半壁波纹管中，$CaCO_3$ 晶体在管壁上析出，但是由于水流的作用，$CaCO_3$ 晶体还未进一步生长就被冲刷掉下，大部分 $CaCO_3$ 都以颗粒粉末的形式被冲刷带走；而在 PVC 管道中，可能由于 PVC 管道与 $CaCO_3$ 之间吸附力较大，$CaCO_3$ 有进一步生长的机会，直至生长成片状后才脱落，故而形成片状 $CaCO_3$ 沉积。同时这类片状 $CaCO_3$ 结晶不易被水流冲刷带走，能直接在水流速度较大的管道中附着沉积。综上所述，PVC 管道对 $CaCO_3$ 的吸附能力进一步增大 PVC 管道的管道粗糙系数，管道中水流速度减缓，结晶体附着沉积于此。

在实际隧道工程中，隧道排水系统内三通连接处通常使用 PVC 管件，在 PVC 材料的管件上附着生长的方解石脱落后呈片状，难以被水流带走，大量使用 PVC 管件可能是加剧隧道排水系统内发生结晶沉积堵塞的原因之一，建议使用其他材料的三通连接管件。

5.7 管道连接形式对结晶的影响试验

5.7.1 试验数据

模拟试验结束后,关闭水泵,待试验模组中循环水流尽后,刮取管道内结晶体、烘干、称量,结晶体质量试验记录如表 5-7 所示。

结晶质量试验记录表(单位:g)　　　表 5-7

观察口编号	情况 1	情况 2	情况 3	情况 4
1	0.7	18.67	24.31	0.08
2	33.23	9.79	1.4	0.01
3	7.32	0.88	1.14	0.04
4	0.11	7.65	1.26	1.21
5	9.88	1.23	0.03	0.97
6	—	1.97	4.22	0
7	3.1	—	0.07	—
8	0	—	0.04	—
9	—	0	0	0.02
10	—	—	—	0
11	1.2	—	1.21	—
12	0.06	—	0.08	—
13	—	0.51	0.19	0
14	—	1.01	0	0
15	7.71	3.21	23.62	7.19
16	0.31	28.63	2.18	26.54
17	—	—	—	10.81
18	—	—	—	0.43
19	0.12	1.18	2.26	10.21
20	2.23	1.28	5.11	14.89
21	—	—	—	11.69
22	—	—	—	0
pH 值	8.5	8.4	9	8
水温(℃)	15.5	16	16.2	15.8

5.7.2 试验结果分析

由试验现象可知,各试验组中,在溶液流经的管道中,管壁内或多或少都会有结晶体附着。在水流直接流经管线管壁上结晶体只会少量附着,不会发生沉积;而在反坡管道处,发生水流发生回流,液面以下的管壁内不仅产生结晶,同时会发生沉积;在管道交叉处,在水流作用下大量结晶被搬运至此并发生沉积。

为衡量不同管道连接形式对结晶的影响,按照结晶体在管道内生成的位置将其分为三类:顺坡管道处结晶、反坡管道处结晶、管道交叉口处结晶。顺坡管道处结晶被定义为沿排水坡度方向上管道内所附着沉淀的结晶,反坡管道处结晶被定义为与排水坡度方向相反的管道内所附着沉淀的结晶,管道交叉口处结晶被定义为在排水管道交叉处所产生的结晶。

例如:在模拟的连接情况 1 中,在 19、16、12、8、4、1 号观察口处属于顺坡管道处结晶,在 2、3、9、5 号观察口处属于反坡管道处结晶,在 20、15、11、7 号观察口处属于管道交叉口处结晶。由此,对各试验组中顺坡管道处结晶沉积量和结晶沉积率(具体位置结晶沉积量与结晶沉积总量之比)、反坡管道处结晶沉积量和结晶沉积率、管道交叉口处结晶沉积量和结晶沉积率进行计算,计算结果如表5-8 所示。

结晶沉积量和结晶沉积率计算结果　　　　表5-8

工况	结晶沉积总量(g)	顺坡管道处结晶沉积量(g)	顺坡管道处结晶沉积率(%)	反坡管道处结晶沉积量(g)	反坡管道处结晶沉积率(%)	管道交叉口处沉积量(g)	管道交叉口处沉积率(%)
情况 1	64.07	1.3	2.03	50.43	78.71	12.34	19.26
情况 2	76.01	7.14	9.39	36.99	48.66	31.88	41.95
情况 3	67.12	8.84	13.17	28.3	42.16	29.98	44.67
情况 4	84.09	37.37	44.44	2.18	2.59	44.54	52.97

每组试验中加入了 504g 的 $NaHCO_3$(6mol)和 213g 的 $CaCl_2$(3mol),充分反应的情况下,理论上每组试验中应有 300g 的 $CaCO_3$(3mol)生成,而在实际试验中,管道内生成结晶的总量不及理论生成 $CaCO_3$ 结晶量的三分之一,而大部分 $CaCO_3$ 晶体在水流作用下被带到了水箱内(图 5-18),此时可认为排水管道所能容纳结晶量达到上限,由此可对各类连接方式进行评估。

由表 5-8 可知,对于连接情况 1 中顺坡管道处结晶沉积率最低,说明在水流通畅的理想情况下,即使在溶液中离子浓度很高的情况下,虽然会在管壁上发生结晶沉淀,但是附着于管壁的结晶体也会被快速流经水流所带走,并且显而易见,无论何种连接方式,在管道交叉处和可能发生反坡排水的位置结晶均最容易在此沉淀,其无疑是整个排水系统中易发生结晶沉积堵塞的薄弱点。

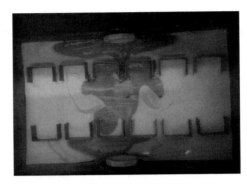

图 5-18 供水模组中结晶沉淀情况

对于实际工程而言,隧道排水系统内部管道结构复杂;岩溶地区隧道涌水量受季节性降雨量和周边地质水文的影响也较为明显,涌水量呈周期性变化,隧道内排水系统在涌水量较大时可能会出现反坡排水的情况。在《公路隧道设计规范 第一册 土建工程》(JTG 3370.1—2018)10.3.5 中规定:横向导水管直径不宜小于 80mm,排水坡度不宜小于 1%,沿隧道纵向间距不宜大于 10m,水量较大的地段应加密。由该规范可知,在隧道通过地下水水量较大地段时,通过加密布置横向排水管道的方式,以加强在地下水涌水量较大区段的排水能力。隧道排水系统中,环向管道与纵向管道之间通常采取"T"形连接,纵向管道与横向管道间连接亦是如此,如图 5-19 所示。

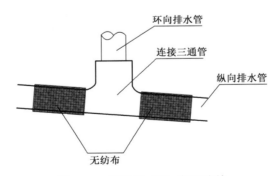

图 5-19 管道间 "T" 字形连接

采用上述隧道排水系统管道连接方式可能会带来以下问题:在隧道涌水量较少的旱季,排水系统内排水量较小,加密布置的横向管道无疑会增加更多管道交叉点,使得流经的水流流速减小,水流中携带的结晶体便会在此沉积。特别在加密区段和非加密区段的交界位置,由非加密区段流向加密区段的水流流速较大,水流中携带的结晶体较多。在非加密区段和加密区段交界处,来自非加密区段的水流一旦通过纵向管道,进入横向管道加密区段,由于加密布置横向管道,纵向管道中水流流速会大大降低。而在隧道涌水量较大的雨季,加密区段中地下水从环向管道中大量进入排水系统内,如果环向排水管道的涌水量与横向管道的排水量不匹配,在加密区段和非加密区段的交界处就会出现反坡排水的现象,此时排水管道内就容易产生结晶沉积堵塞的情况。

因此,对于更容易受季节性降雨影响的岩溶地区隧道中涌水量较多的区段,提出以下处治建议:在地下水量较大的区段不设置纵向排水管道,非加密区段纵向排水管道也不与加密区段管道相连接,在加密区段直接将环向排水管道与横向排水管道相连,如图 5-20 所示。以上布置方法,既可避免在横管的加密区段和非加密区段之间,受季节性降雨影响而导致的反坡排水,又可避免非加密区段间水流进入加密区段的纵向管道时发生减速,降低结晶体在管道中沉积的可能性。

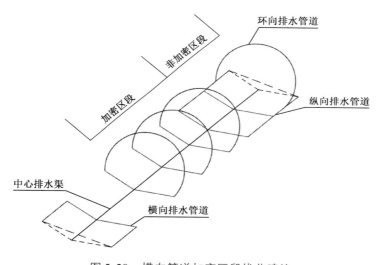

图 5-20　横向管道加密区段优化建议

隧道涌水量可能受到众多因素影响,例如随雨季旱季交替、隧道施工掘进、地表水系、地质条件等变化,对隧道涌水量难以做到精准定量预测。实际工程中,通常是在工程实际的基础上参照相关规范和经验布置隧道排水系统管道。在现行隧道设计中,纵向排水管道通常是沿着一个方向或两个方向进行放坡排水,如图 5-21 所示。在无法准确确定隧道涌水量条件下,布置这样的排水系统难免会出现部分区段涌水量多,排水系统达不到排放要求;而另一些部分区段排水量少,排水系统排水能力远超过实际涌水量,在涌水量多的区段可能就会出现反坡排水的情况,如果水体中含有大量 Ca^{2+} 和 HCO_3^- 离子,就会难免出现晶体沉积的情况。

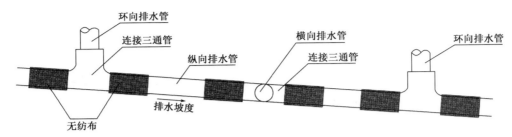

图 5-21 传统纵向排水布置方式

由此,对未进行横向管道加密的区段提出以下处治建议:将连接环向排水管道和横向排水管道之间的纵向排水管道设置为"V"字形,如图 5-22 所示。通过这样的排水布置,如果在环向排水管道进入隧道排水系统内的水流量较大时,环向排水管道单独一侧的纵向排水管道排水能力有限,另一侧的纵向排水能起到一定分担排水的作用,从而纵向排水管道内就不会出现反坡排水的情况。

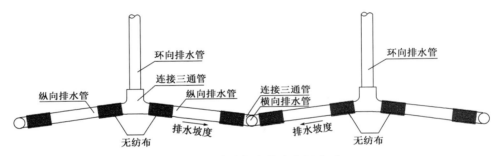

图 5-22 建议纵向排水布置方式

5.8 方解石在管道内沉积过程

基于以上试验,对排水管道内 $CaCO_3$ 晶体的沉积过程进行研究讨论,总体上可将方解石在隧道排水系统内沉积的过程大致分为方解石结晶的形成、方解石的脱落与再生长、方解石的固结沉积这三个过程。

5.8.1 方解石的形成

首先是方解石结晶的形成,如图 5-23 所示,在排水管道液面以下,HCO_3^- 与 Ca^{2+} 离子结合,方解石晶体在管壁上附着生成,同时释放出 CO_2,并且在释放二氧化碳的区域无方解石结晶生成。在此阶段整个在液面以下的区域都为生长区。

 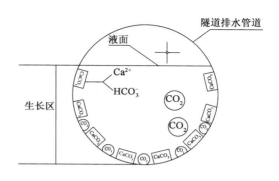

图 5-23 方解石结晶的形成

5.8.2 方解石的脱落与再生长

随着方解石的进一步在管壁上结晶,其到一定程度时便会脱落,此时液面以下的区域分为再生长区、脱离区、沉积区。并且,如果管道内 Ca^{2+} 和 HCO_3^- 离子含量充足,方解石结晶会继续在已经脱落的区域再次生长,并出现明显的区域划分,如图 5-24 所示。方解石的脱落过程是一个自发的过程,水流速度对方解石是否脱落影响较小,在试验装置水流循环时,液面基本处于静止,因此方解石结晶后从管道脱落为一个自发行为,受水流流速影响较小。

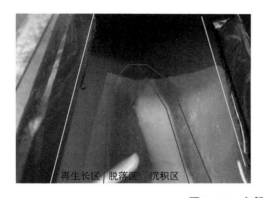 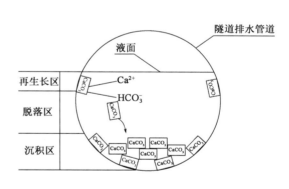

图 5-24 方解石的脱落与再生长

此现象与管道对结晶的吸附能力有关,由此也能解释图 5-22 中 PVC 管道内产生出片状 $CaCO_3$ 的原因,正是由于 PVC 管道对方解石晶体的吸附能力较强,以至于方解石在由颗粒状生长为片状后才出现脱落。

管道中水流流速决定着结晶是否会被冲刷带走,还是沉积,如图 5-25 所示;在水流速度较大的管道段[图 5-25a)],方解石晶体依然会附着生长在管壁之上,但是方解石发生脱落后直接被水流冲刷带走;而在水流速度较小的管道段[图 5-25b)],方解石晶体就会严重沉积,与此同时,管壁上的结晶依旧会不停生长,周而复始,结晶沉积越发严重。

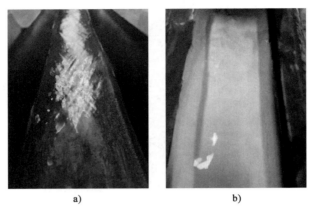

图 5-25　脱落方解石的冲刷与沉积

5.8.3　方解石的固结

从学者 Stefanie Eichinger 在工程实地所取得的隧道排水系统结晶试样(图 5-26)来看,其表现出明显的分层现象,可能正是由于上述的周期往复的过程所致,此时液面以下的区域分为再生长区、脱离区、沉积区、固结区。

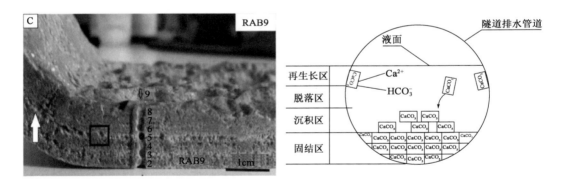

图 5-26　方解石的固结

在此次试验过程中,管道内发生结晶沉积堆积处的方解石呈粉末状,始终未出现质地较硬并有一定的强度块状方解石。造成这种现象的原因可能是沉积的时间不足;或者是方解石晶体粉末一直处于水中,水体对方解石粉末有一定的浮力作用,导致方解石粉末无法固结。

在实际工程中,方解石结晶体会发生固结并最终致塞。其原因可能是隧道排水量呈季节性变化,在其内部沉积的粉末状方解石,在干湿循环作用下发生排水固结。在隧道涌水量较大的季节，排水系统中出现逆坡排水的现象，导致方解石粉末在此处沉积；而到了隧道涌水量较小的季节，此处水面下降，沉积的方解石粉末露出水面，内部水分排出，最终方解石固结致塞。

5.8.4 建议处治时机

对于实际工程上而言，隧道修建途径富含离子水的区段，其排水系统内部难免出现结晶的现象，换言之，以目前的技术条件和隧道排水设计方法，形成方解石这一过程难以避免。而方解石发生固结后，其具有一定的强度，并且已经对隧道排水能力造成影响，此时已经难以处理。在方解石发生脱落与再生长这一过程时是最好的处治时机，首先结晶体只是刚刚形成，还未对隧道排水能力产生不良的影响；其次，此时的方解石晶体还未形成一定的强度，仍呈粉末状，处治起来更加容易。

5.8.5 优化思路

针对上述结晶体产生过程，通过优化隧道排水系统的布置方式，以避免方解石晶体发生固结，在其还未形成一定强度时就将其排出到隧道排水系统外。隧道排水系统布置优化思路：对于易发生排水系统结晶地区的隧道，尽量做到按需排水。例如，在无地下水涌入的区段就不设排水；或对于排水量受季节性降雨影响较大的某些区段，在设置排水管道时将其单元化，在雨季来临时将全部排水单元打开排水，而在旱季时，关闭部分排水单元，这样始终能够保持隧道排水系统内较大的水流速度，避免结晶沉积并固结。

5.9 本章小结

（1）在结晶物质来源充足的情况下，方解石结晶体最初会在隧道排水管道内所有液面以下形成，但最终致使隧道排水系统发生严重堵塞的关键在于，隧道排水系统内的逆坡排水管段和管端间交叉处。在设计布置隧道排水系统时，尽量避免逆坡排水的情况和管道交叉过于复杂的情况。针对上述存在问题和目前所使用的设计，对于易发生排水系统结晶的隧道，提出两种管道布置优化建议。

（2）对于排水管材，在结晶物质来源充足的情况下，试验所使用的HDPE、PPR、PVC、半壁波纹管内均会出现方解石结晶的现象，不同材料管道中结晶量由大到小排列如下：PVC、半壁波纹管、HDPE、PPR。结晶体形成受排水条件影响较小，而结晶体的堆积、固结受排水条件影响较大。对于目前实际工程中，PVC材质的管件通常作为三通管道连接管件,大量用于连接各管道。首先,管道连接处是易出现结晶沉积的位置,再加之其使用的是 PVC 材质的管件,并且由于 PVC 材质的管道对方解石结晶的吸附能力较强,管道连接处为结晶堵塞的高发区。建议在实际工程中,对普遍采用 PVC 材质的管件进行更换。

(3)由各组试验现象,并结合实地工程中排水系统中产生的结晶体,隧道排水系统内发生结晶致塞共经历三个过程:方解石结晶、方解石脱落、方解石固结。在此结晶致塞过程中,处治结晶体的最好时机为第二个阶段。对于实际工程中,可通过调整隧道排水系统结构,让管道内水流始终处于一个较大的流速,将产生的结晶体排出隧道排水系统,不让其在内部发生进一步沉积和固结。

第6章

CHAPTER SIX

白云岩隧道排水系统混合溶液结晶室内模型试验

根据第2章结晶物取样分析、第3章结晶机理分析,选取浓度对结晶影响较大的几种离子配制成溶液开展室内试验研究,模拟隧道排水管中离子反应形成的结晶沉淀堵塞,分析结晶物的含量及变化,辨析管道结晶堵塞规律,探究结晶体性质,进而在隧道结晶防治方面提供借鉴。

6.1 试验方法设计

6.1.1 全面试验

由第2章、第3章分析可知:结晶类离子主要有 Ca^{2+}、Mg^{2+}、SO_4^{2-}、CO_3^{2-}、Al^{3+} 等;非结晶类离子主要为 Cl^-、K^+、Na^+ 等。本书主要选择结晶类离子为主要因素,试验离子浓度按照等差数列划分为四个水平,如表6-1所示。在表6-1中 $A_m(m=1,2,3,4)$、$B_m(m=1,2,3,4)$、$C_m(m=1,2,3,4)$、$D_m(m=1,2,3,4)$ 及 $H_m(m=1,2,3,4)$ 均表示在不同因素水平下的离子浓度。本章主要模拟研究混合溶液的结晶堵塞情况,温度为室温,8天一组,正常流速。

试验因数　　　　　　　　　　　　　　　　表6-1

水平	因素				
	$c(CO_3^{2-})$	$c(SO_4^{2-})$	$c(Ca^{2+})$	$c(Mg^{2+})$	$c(Al^{3+})$
1	A_1	B_1	C_1	D_1	H_1
2	A_2	B_2	C_2	D_2	H_2
3	A_3	B_3	C_3	D_3	H_3
4	A_4	B_4	C_4	D_4	H_4

全面试验是指以所有出现的情况进行排列组合为一次试验,结果可能造成重复试验。如水平数 $K_1=K_2=K_3=3$,这三个因数需要进行 $243(3^5)$ 次试验。在试验次数较少时,采用全面试验结合数据分析,可得到较为理想的结果;当水平数及因素数较多时,可能导致试验次数增多,若采用全面试验,将耗费大量时间及资金,如5因素7水平试验,需要做 $16807(7^5)$ 次试验,而在实际工程中做这么多次试验显然不科学、不可取。

6.1.2 正交试验

为弥补全面试验缺点,本章采用多次单因素正交试验,即控制某些水平数,研究单一因素,保证不同水平数出现次数一致。采用正交试验方法进行试验设计,如表6-2所示。

正交试验设计 表6-2

试验号	试验因素				
	$c(CO_3^{2-})$	$c(SO_4^{2-})$	$c(Ca^{2+})$	$c(Mg^{2+})$	$c(Al^{3+})$
1	1（水平）	1（水平）	1（水平）	1（水平）	1（水平）
2	1	2	2	2	2
3	1	3	3	3	3
4	1	4	4	4	4
5	2	1	2	3	4
6	2	2	1	4	3
7	2	3	4	1	2
8	2	4	3	2	1
9	3	1	3	4	2
10	3	2	4	3	1
11	3	3	1	2	4
12	3	4	2	1	3
13	4	1	4	2	3
14	4	2	3	1	4
15	4	3	2	4	1
16	4	4	1	3	2

在进行试验时，为保证因素变化的单一性，温度选择室温，时间8天一组，流速采用正常水速。由表6-2可知，共做16次试验，且每水平下都做了4次试验，从16组试验中，可以很清楚分析离子浓度对结晶影响及其结晶规律，故而可很好掌握全面情况，这相对于全面试验，不仅节省时间，而且提高效率。

6.2 试验方案及原理

6.2.1 试验方案

本章主要研究不同浓度的离子混合后结晶规律，模拟隧道排水管结晶堵塞现象。根据多次单因素正交试验，共进行16次试验，并将每次试验情况进行记录，详情如表6-3所示。

试验方案 表6-3

试验号	因素	试验配比	说明	衡量方法
1		$A_1+B_1+C_1+D_1+H_1$		
2		$A_1+B_2+C_2+D_2+H_2$		
3		$A_1+B_3+C_3+D_3+H_3$		
4		$A_1+B_4+C_4+D_4+H_4$		
5		$A_2+B_1+C_2+D_3+H_4$		
6	$c(CO_3^{2-})$	$A_2+B_2+C_1+D_4+H_3$	$A_m(m=1,2,3,4)$	
7	$c(SO_4^{2-})$	$A_2+B_3+C_4+D_1+H_2$	$B_m(m=1,2,3,4)$	(1)晶体烘干、称重;
8	$c(Ca^{2+})$	$A_2+B_4+C_3+D_2+H_1$	$C_m(m=1,2,3,4)$	(2)结晶录像、拍照;
9	$c(Mg^{2+})$	$A_3+B_1+C_3+D_4+H_2$	$D_m(m=1,2,3,4)$	(3)实时记录结晶情况
10	$c(Al^{3+})$	$A_3+B_2+C_4+D_3+H_1$	$H_m(m=1,2,3,4)$	
11	等离子浓度	$A_3+B_3+C_1+D_2+H_4$	均表示在不同因素	
12		$A_3+B_4+C_2+D_1+H_3$	水平下的离子浓度	
13		$A_4+B_1+C_4+D_2+H_3$		
14		$A_4+B_2+C_3+D_1+H_4$		
15		$A_4+B_3+C_2+D_4+H_1$		
16		$A_4+B_4+C_1+D_3+H_2$		

6.2.2 试验原理

隧道排水管中的水所含离子成分较多,阳离子有 Na^+、Ca^{2+}、Mg^{2+}、Al^{3+}、K^+ 等,阴离子有 CO_3^{2-}、Cl^-、SO_4^{2-}、HCO_3^- 等,阴阳离子结合发生复杂的化学反应,形成结晶,致使管道堵塞,反应原理如下:

$$Al^{3+}+3OH^- \longrightarrow Al(OH)_3 \downarrow \tag{6-1}$$

$$Mg^{2+}+OH^- \longrightarrow Mg(OH)_2 \downarrow \tag{6-2}$$

$$Ca^{2+}+2HCO_3^- \longrightarrow CaCO_3 \downarrow + H_2O + CO_2 \uparrow \tag{6-3}$$

结晶形成主要有:①HCO_3^- 离子极不稳定,容易分解为 CO_3^{2-},且与 Ca^{2+} 形成垢体,且附着管壁生长造成管道堵塞;②SO_4^{2-} 和 Ca^{2+} 形成微溶物垢体,附着挂壁生长扩大结晶范围,很难顺水流排出管外;③Mg^{2+}、Al^{3+} 易与水中 OH^- 离子反应生成沉淀,附着在管壁上,造成隧道排水管结晶堵塞。

6.3 试验装置设计

本次试验装置经设计、选材、拼接、试验前切割、试验前清洗等环节,隧道排水系统布置纵向排水管、横向排水管、环向排水管道等,如图 6-1 所示,材料种类及使用说明如表 6-4 所示。

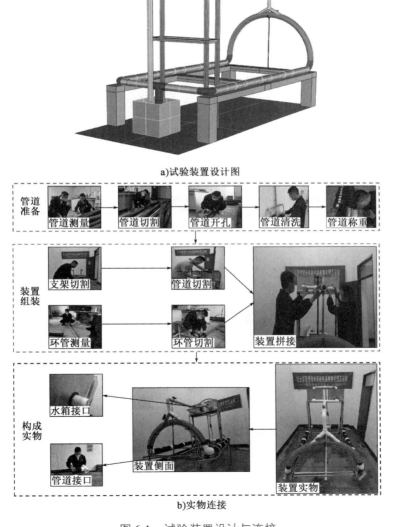

图 6-1　试验装置设计与连接

材料种类及使用说明　　　　表6-4

种类	规定	使用次数	实际质量	说明
水泵	正常	实际情况	—	循环使用
PE波纹管	0.5m/次	160次	切割后称重	拆卸后烘干称重,不重复使用
弹簧软管	1.6m/次	16次	切割后称重	拆卸后烘干称重,不重复使用
连接头（直连、三通、直角等）	标准	实际情况	—	密封对接,接口用防水胶布进行绝水处理,可拆卸、重复使用

图6-1中,纵管为φ110PE波纹管,内壁无沟槽、可拆卸,长度为0.5m,试验后便于烘干,拼装时中间无缝隙,接口用防水胶布密封,外开孔长度为10cm×15cm,纵管间距为1m;环管为φ75弹簧软管,长度为1.6m,两端有两个孔槽、装有PVC球阀,便于控制环管两端水速。主要试验设备及参数如图6-2、表6-5所示。试验装置细节标注如图6-3所示。

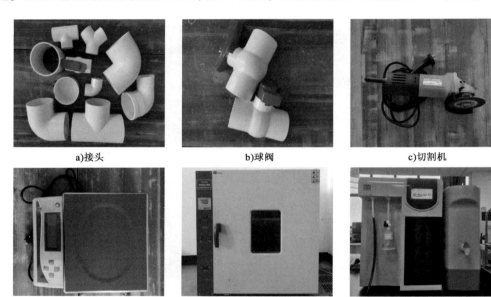

图6-2　主要试验设备

主要试验设备参数　　　　表6-5

类型	设备名称	规格型号	参数	数量
供水模组	水箱1	125L	50cm×50cm×50cm	1个
	水箱2	31.2L	30cm×26cm×40cm	1个
	水箱3	31.2L	30cm×26cm×40cm	1个
	PVC直角弯头	φ50	直径50mm	6个

续上表

类型	设备名称	规格型号	参数	数量
供水模组	PVC 直角弯头	ϕ110	直径 110mm	4 个
	PVC 三通接头	ϕ110	直径 110mm	1 个
	PVC 三通接头	ϕ50	直径 50mm	2 个
	PVC 球阀	ϕ50	直径 50mm	5 个
	PVC 直接	ϕ110	直径 110mm	6 个
	变频水泵	P1-6000	50W	1 个
	优普纯水机	UPH	20L	1 个
	PE 半壁波纹管	ϕ110	直径 110mm	按实际情况
	防水胶布、电工胶布	—	—	按实际情况
测量仪器	电子天平	—	精度 0.01g	1
	笔式酸度计	P301	精度 0.1	1
	烘干箱	110-3AB 型	烘干温度 60°C	1
	直尺	—	精度 0.01cm	1

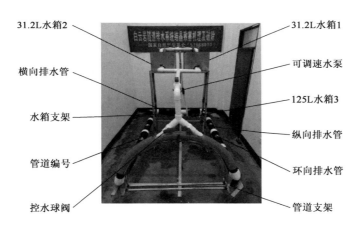

图 6-3　试验装置细节标注

6.4　试剂选择及溶液配制

6.4.1　试剂选择

选择浓度高于 0.001mol/L 的离子进行试验,试剂有 $CaCl_2$、$NaHCO_3$、$MgCl_2$、KCl、$AlCl_3$、Na_2SO_4,试剂规格如表 6-6 所示。

试剂规格　　　　　　　　　　　　　　　　表 6-6

试剂名称	试剂纯度	用量	试剂配图
$NaHCO_3$	分析纯	按实际情况	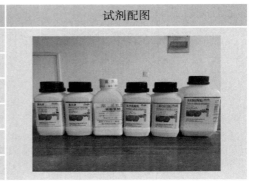
$CaCl_2$	分析纯	按实际情况	
$MgCl_2$	分析纯	按实际情况	
KCl	分析纯	按实际情况	
$AlCl_3$	分析纯	按实际情况	
Na_2SO_4	分析纯	按实际情况	

选择这些试剂理由：

(1) 选择 $CaCl_2$、$NaHCO_3$，而不选择 $Ca(HCO_3)_2$，由于 $Ca(HCO_3)_2$ 极不稳定，分解产生 $CaCO_3$，影响试验结果；

(2) 选择 $MgCl_2$、KCl、$AlCl_3$ 等含 Cl^- 离子的化学试剂，由于 Cl^- 离子易随水流出，化学性质稳定，便于观测结晶情况；

(3) $NaHCO_3$ 水解可产生 OH^-，而 Mg^+、Ca^{2+}、Al^{3+} 等含量较多，且可能产生结晶沉淀，选择这些试剂，更好地模拟隧道排水管中结晶堵塞，易根据其规律找到结晶破除对策。

由第 2 章的表 2-6、表 2-7 可知：在隧道排水管含有少量 Cu^{2+}、Zn^{2+}、Ba^{2+} 等离子，其浓度基本接近于 0，对结晶物的影响可忽略不计，故在试验时，选择离子浓度高于 0.001mol/L 离子进行试验。离子浓度统计如表 6-7 所示。

离子浓度统计　　　　　　　　　　　　　　表 6-7

编号	离子种类	浓度范围(mol/L)	质量分数范围(%)	是否选取	试剂选择
1	CO_3^{2-}	0.074~0.152	23.47~28.82	是	$NaHCO_3$
2	SO_4^{2-}	0.051~0.058	12.69~22.55	是	Na_2SO_4
3	Ca^{2+}	0.028~0.189	10.79~19.43	是	$CaCl_2$
4	Mg^{2+}	0.002~0.014	0.58~0.85	是	$MgCl_2$
5	Na^+	0.059~0.335	19.82~22.88	是	—
6	Al^{3+}	0.002~0.028	0.58~1.96	是	$AlCl_3$
7	K^+	0.020~0.175	7.56~17.53	是	KCl
8	Cl^-	0.015~0.043	3.96~5.95	是	—
9	Cu^{2+}	0.000~0.000	0.05~0.050	否	—
10	Zn^{2+}	0.000~0.000	0.05~0.051	否	—
11	Ba^{2+}	0.000~0.000	0.00~28.93	否	—

6.4.2 溶液配制

根据表 6-7,试验配制 $CaCl_2$、$NaHCO_3$、$MgCl_2$、KCl、$AlCl_3$、Na_2SO_4 等溶液,非结晶类离子加入比例、离子浓度分段分别如表 6-8、表 6-9 所示,离子浓度配制、溶液配制分别如表 6-10、表 6-11 所示。结晶类离子中,$A_1 \sim A_4$、$B_1 \sim B_4$、$C_1 \sim C_4$、$D_1 \sim D_4$、$H_1 \sim H_4$ 为离子浓度编号,浓度呈等差数列递增,非结晶类离子浓度依据结晶类离子浓度换算。

非结晶类离子加入比例(单位:mol/L)　　　　　表 6-8

类型	$c(Cl^-)$	$c(K^+)$	$c(Na^+)$
加入范围	0.082~0.665	0.020~0.175	0.102~0.116
每组加入值	按实际用量计算		
相关说明	此范围依据结晶类离子实际加入离子浓度换算得来		

离子浓度分段　　　　　表 6-9

离子控制类型	种类	浓度编号	对应浓度(mol/L)
结晶类离子	CO_3^{2-}	A_1	0.074
		A_2	0.100
		A_3	0.126
		A_4	0.152
	SO_4^{2-}	B_1	0.051
		B_2	0.053
		B_3	0.056
		B_4	0.058
	Ca^{2+}	C_1	0.028
		C_2	0.082
		C_3	0.135
		C_4	0.189
	Mg^{2+}	D_1	0.002
		D_2	0.006
		D_3	0.010
		D_4	0.014
	Al^{3+}	H_1	0.002
		H_2	0.011
		H_3	0.019
		H_4	0.028
非结晶类离子	Na^+、K^+、Cl^-	—	实际计算(等差数列)

离子浓度配制 表6-10

类型	离子配比	实际浓度(mol/L)
第1组	$c(\mathrm{CO_3^{2-}}):c(\mathrm{SO_4^{2-}}):c(\mathrm{Ca^{2+}}):c(\mathrm{Mg^{2+}}):c(\mathrm{Al^{3+}})$	0.074:0.051:0.028:0.002:0.002
第2组		0.074:0.053:0.082:0.006:0.011
第3组		0.074:0.056:0.135:0.010:0.019
第4组		0.074:0.058:0.189:0.014:0.028
第5组		0.100:0.051:0.082:0.010:0.028
第6组		0.100:0.053:3.028:0.014:0.019
第7组		0.100:0.056:0.189:0.002:0.011
第8组		0.100:0.058:0.135:0.006:0.002
第9组		0.126:0.051:0.135:0.014:0.011
第10组		0.126:0.053:0.189:0.010:0.002
第11组		0.126:0.056:0.028:0.006:0.028
第12组		0.126:0.058:0.082:0.002:0.019
第13组		0.152:0.051:0.189:0.006:0.019
第14组		0.152:0.053:0.135:0.002:0.028
第15组		0.152:0.055:0.082:0.014:0.002
第16组		0.152:0.058:0.028:0.010:0.011

溶液配制 表6-11

类型	第1步	第2步	第3步
配制说明	采集大量无离子水,排除其他离子影响试验结果	清洗水箱,排除杂质干扰	称取试剂,利用无离子水配制相应溶液
配制图片			

6.5 试验开展环节

6.5.1 试验内容

本试验模拟研究白云岩排水系统混合溶液的结晶堵塞情况,主要影响因素是溶液中的离子浓度。其浓度不同,可能导致的结晶程度不同,对排水管道堵塞程度也不同。

主要试验内容:

(1)分析不同浓度混合溶液的结晶致塞规律及堵塞程度评价;

(2)分析不同离子浓度下纵向排水管(纵管)、横向排水管(横管)、环向排水管(环管)的结晶规律及结晶生长;

(3)比较不同浓度混合溶液的结晶产物,分析溶液中的 K^+-Cl^--Na^+ 离子耦合、CO_3^{2-}-SO_4^{2-}-Ca^{2+}-Mg^{2+}-Al^{3+} 离子耦合对结晶效果的影响;

(4)分析和归纳混合溶液结晶体性质及生长规律。

6.5.2 试验因素控制

进行试验时,需要控制其他无关因素对试验的影响,如温度、流速、空气中的二氧化碳等。因素控制如表 6-12 所示。

因素控制 表 6-12

类型	控制方式
离子控制	无离子水配制溶液,排除干扰
外界 CO_2	管道形成封闭,阻止外界 CO_2 流入
温度、pH 值	控制室温,pH 计测量 pH 值
流速、流量	PVC 球阀控制流速,水泵控制流量
离子浓度	按照表 6-9、表 6-10 进行试验,严格控制各离子浓度
操作控制	球阀控制溶液流速、流向,左右管道流速、过水面积保持相同

6.5.3 试验步骤

部分试验环节如图 6-4 所示,试验过程如表 6-13 所示。图 6-4 中管道编号为 1～11,在实际数据分析时,为便于分析,对应编号为 G1～G11,其中 G11 为环管,G5 与 G10 为横管,G1～G4 左排纵管,G6～G9 右排纵管。

a) 管道编号

b) 管道初重称取

c) 烘干

d) 结晶称重

图 6-4　部分试验环节

试验过程　　　　　　　　　　　　　　　　　　　　　　　　　　表 6-13

步骤	操作	说明
第 1 步	管道编号：G1、G2、G3、G4、G5 左排，G6、G7、G8、G9、G10 右排	对照组：G1 与 G6、G2 与 G7、G3 与 G8、G4 与 G9、G5 与 G10。试验前，称取管道初重，并做好记录
第 2 步	配制溶液	依据表 6-9、表 6-10
第 3 步	装置调试及漏液检查：加入自配溶液进行调试，检查是否存在漏液情况	PVC 球阀控制流速，各组试验管道流量由水泵控制在同一水平
第 4 步	溶液倒入：水箱 1、2 中分别倒入 $NaHCO_3$ 溶液各一半，水箱 3 中装 KCl、$CaCl_2$、$MgCl_2$、$AlCl_3$、Na_2SO_4 溶液	$NaHCO_3$ 溶液与其他溶液先混合可能会快速结晶；$CaCl_2$、$MgCl_2$、$AlCl_3$、Na_2SO_4 溶液混合，发生缓慢，不影响试验结果
第 5 步	开展试验	8 天一组，取下试验管道，进行烘干称重，并做好记录
第 6 步	每组试验后	关闭电源、水泵，打理现场，清洗装置
第 7 步	试验记录	结晶拍照、结晶称重、结晶规律总结

6.5.4 试验数据记录

纵管对照组：G1 与 G6、G2 与 G7、G3 与 G8、G5 与 G10。环管采用前组和后组形成对比。经过烘干、称重记录，每组试验数据如表 6-14 所示。

混合溶液结晶记录（单位：g）　　　　表 6-14

分组	对照1		对照2		对照3		对照4		对照5		环管
	G1	G6	G2	G7	G3	G8	G4	G9	G5	G10	G11
第1组	0.99	2.33	3.06	1.01	9.58	6.57	10.72	18.06	20.80	19.69	0.14
第2组	1.21	2.45	3.51	2.33	9.62	8.25	11.75	18.23	24.56	20.37	0.20
第3组	2.44	2.45	4.63	4.33	10.82	10.25	14.56	18.90	26.89	22.39	0.23
第4组	2.55	2.98	5.22	5.65	11.23	11.55	14.56	18.78	27.36	23.69	0.22
第5组	3.22	3.02	5.78	5.02	12.56	11.23	15.66	20.28	27.89	25.69	0.21
第6组	5.00	4.58	6.29	5.33	12.11	11.55	16.22	20.59	28.47	27.58	0.22
第7组	5.22	5.89	6.99	6.03	11.25	12.09	18.55	21.33	28.69	28.66	0.22
第8组	5.66	6.02	6.68	6.03	12.87	11.08	19.36	22.22	30.39	29.66	0.20
第9组	5.64	7.33	6.68	6.03	12.99	11.55	20.22	23.03	30.22	30.57	0.25
第10组	5.55	6.92	6.63	5.96	12.58	12.33	19.36	23.01	29.56	30.25	0.21
第11组	5.65	7.01	6.96	6.02	12.95	12.33	19.65	23.95	29.99	30.51	0.21
第12组	6.63	7.05	6.65	6.58	13.02	13.03	19.99	23.69	30.23	30.89	0.19
第13组	6.27	6.87	5.98	5.22	13.55	12.97	20.33	24.55	29.69	32.97	0.33
第14组	6.88	6.99	6.55	5.88	13.77	14.2	19.54	22.49	30.14	31.24	0.26
第15组	5.87	6.98	6.44	5.98	13.77	12.89	20.41	21.58	29.66	31.22	0.27
第16组	5.66	6.97	6.23	6.55	13.55	12.78	20.12	24.58	32.66	31.97	0.35

6.6 管道结晶体性质规律分析

6.6.1 纵管结晶规律

为研究不同离子浓度对纵管结晶的影响，对表 6-14 数据进行处理，如图 6-5 所示，对照组 1、对照组 2、对照组 3、对照组 4 分别对应观察孔 G1 与 G6、G2 与 G7、G3 与 G8、G4 与 G9，纵坐标表示结晶量，横坐标为试验组别。

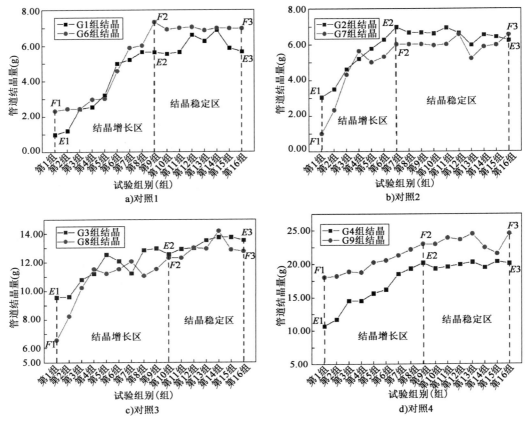

图 6-5 纵管结晶规律

由图 6-5 可知,管道结晶出现结晶增长区域及结晶稳定区域;整体上管道结晶随着混合溶液的浓度增大而增加;在对照 1 中,结晶增加位于第 1 组~第 8 组试验中,结晶稳定区域位于第 9 组~第 16 组中;对照 2 中,结晶增加位于第 1 组~第 6 组试验中,结晶稳定区域位于第 7 组~第 16 组中;对照 3 中,结晶增加位于第 1 组~第 8 组试验中,结晶稳定区域位于第 9 组~第 16 组中;对照 4 中,结晶增加位于第 1 组~第 8 组试验中,结晶稳定区域位于第 9 组~第 16 组中。总体来说,在忽略试验误差及人为因素影响条件下,结晶稳定区域大约位于第 9 组中。

6.6.2 横管结晶规律

横管结晶规律可用观察孔对照 5 结晶含量来表征,如图 6-6 所示。

图 6-6 中:结晶增长区位于第 1 组~第 8 组试验中,结晶稳定区域位于第 9 组~第 16 组中,结晶稳定区域大约位于第 9 组试验,其结晶规律与纵管结晶规律一致。综合横管、纵管结晶规律,管道结晶规律如表 6-15 所示。

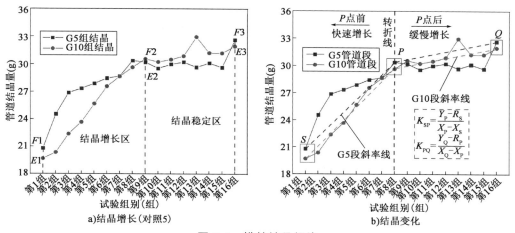

图 6-6 横管结晶规律

管道结晶规律 表 6-15

类型	结晶增长与缓平分界	峰值点	极小值	缓平组
对照 1	第 9 组	F_3	E_1	第 9 组
对照 2	第 7 组	E_2	F_1	第 9 组
对照 3	第 9 组	E_3	F_1	第 10 组
对照 4	第 9 组	F_3	E_1	第 9 组
对照 5	第 9 组	E_3	E_1	第 8 组

6.6.3 环管结晶规律

为分析环管结晶规律，对试验第 1 组～第 16 组 G11 数据进行分析，如图 6-7 所示。

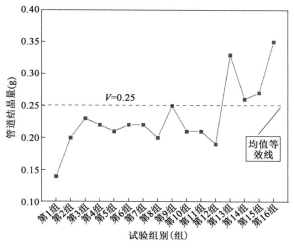

图 6-7 环管结晶规律（G11 环管）

$V=0.25g$ 为环管结晶量的均值等效线,由图 6-7 可知,环管结晶围绕 $V=0.25g$ 上下波动,且波动范围较小,最大值约等于 $0.35g$,最小值 $0.14g$。

环管结晶量处于 $V=0.25g$ 这个范围上下波动,且每一组试验环管结晶量区别不是很大,进一步可以推知,混合溶液对环管结晶堵塞的影响较小,由于结晶量很少,故在进行结晶治理时,可以将其忽略或者视为次要环境因素,主要考虑对纵管、横管结晶的影响。

6.6.4 非结晶类离子耦合致塞规律

根据每组溶液配制可知,Cl^-、K^+、Na^+ 的离子浓度从第 1 组~第 16 组逐渐增大,各离子浓度呈比例变化,分析 Cl^--K^+-Na^+ 离子耦合浓度对结晶影响时,采用第 1 组~第 16 组结晶累计变化来研究。

如图 6-8 所示,Cl^--K^+-Na^+ 离子耦合,在 P 点前,结晶增长较快,但在 P 点后,结晶增长缓慢;在增长斜率方面,$K_1 > K_2$,说明离子耦合浓度达到一定范围后,结晶会呈缓慢增长趋势,其斜率 $K≈0$。总体而言,耦合离子对结晶起促进作用。结晶随离子混合浓度增加,且在第 9 组时出现转折,之后结晶增长缓慢,增长速率几乎为 0。这说明,混合离子浓度较大时,反而抑制结晶,可能是大部分溶液处于不饱和状态,难以析出沉淀结晶所致,但总体是促进结晶。

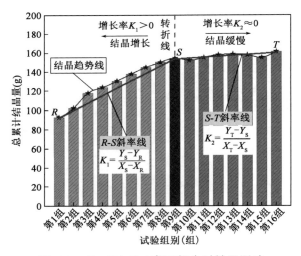

图 6-8 Cl^--K^+-Na^+ 离子耦合对结晶影响

6.6.5 结晶类离子耦合致塞规律

在分析 CO_3^{2-}-SO_4^{2-}-Mg^{2+}-Al^{3+}-Ca^{2+} 离子耦合致塞规律时,采用控制变量方法,将 16

次试验分为 5 组进行控制,如研究 SO_4^{2-}-Mg^{2+}-Al^{3+}-Ca^{2+} 离子耦合致塞规律时,控制 CO_3^{2-} 离子浓度不变,以此类推,如图 6-9 所示。

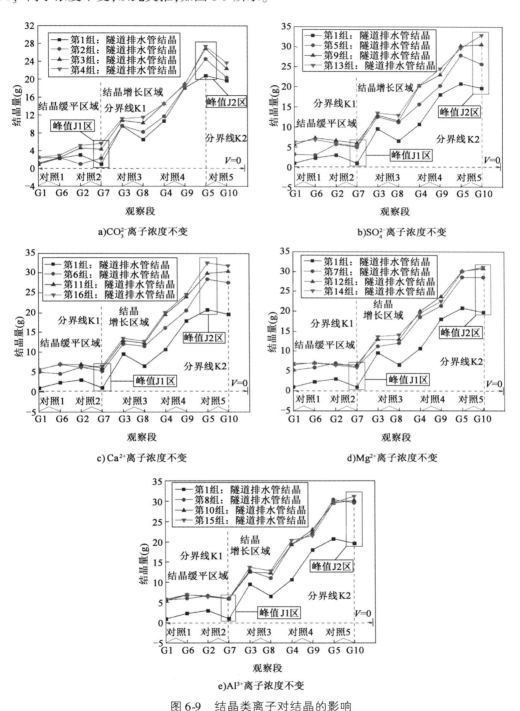

图 6-9 结晶类离子对结晶的影响

由图 6-9 可知：①CO_3^{2-} 不变时，SO_4^{2-}-Ca^{2+}-Mg^{2+}-Al^{3+} 离子耦合对结晶有一定影响，且 G1、G6、G2、G7 段结晶较为缓慢，之后结晶较快；②SO_4^{2-} 不变时，CO_3^{2-}-Ca^{2+}-Mg^{2+}-Al^{3+} 离子耦合对结晶有一定影响，且 G1、G6、G2、G7 段结晶较为缓慢，之后结晶较快；③Ca^{2+} 不变时，SO_4^{2-}-CO_3^{2-}-Mg^{2+}-Al^{3+} 离子耦合对结晶有一定影响，且 G1、G6、G2、G7 段结晶较为缓慢，之后结晶较快；④Mg^{2+} 不变时，CO_3^{2-}-Ca^{2+}-SO_4^{2-}-Al^{3+} 离子耦合对结晶有一定影响，且 G1、G6、G2、G7 段结晶较为缓慢，之后结晶较快；⑤Al^{3+} 不变时，CO_3^{2-}-Ca^{2+}-SO_4^{2-}-Mg^{2+} 离子耦合对结晶有一定影响，且 G1、G6、G2、G7 段结晶较为缓慢，之后结晶较快。进而可推知，CO_3^{2-}-SO_4^{2-}-Ca^{2+}-Mg^{2+}-Al^{3+} 离子耦合对隧道排水系统结晶有重要影响，总体上结晶与其耦合离子浓度呈正相关，均促进结晶。结晶类离子对管段结晶的影响如图 6-10 所示。

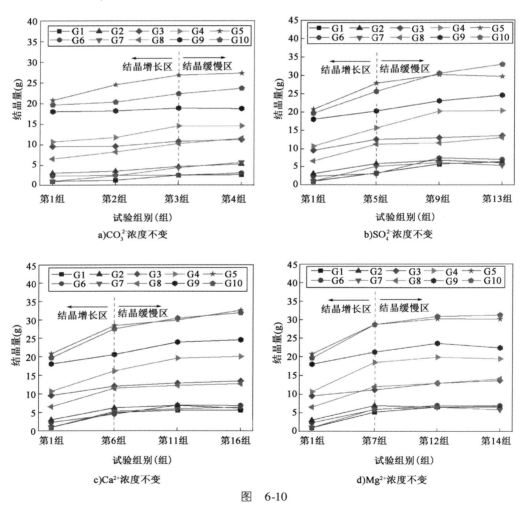

图 6-10

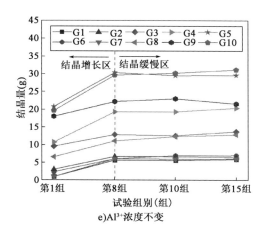

e) Al^{3+} 浓度不变

图 6-10 结晶类离子对管段结晶的影响

由图 6-10 可知：①CO_3^{2-} 不变时，SO_4^{2-}-Ca^{2+}-Mg^{2+}-Al^{3+} 离子耦合对结晶有较大影响，且结晶生长规律表现先快后慢；②SO_4^{2-} 不变时，CO_3^{2-}-Ca^{2+}-Mg^{2+}-Al^{3+} 离子耦合对结晶有较大影响，且结晶生长规律表现先快后慢；③Ca^{2+} 不变时，SO_4^{2-}-CO_3^{2-}-Mg^{2+}-Al^{3+} 离子耦合对结晶有较大影响，且结晶生长规律表现先快后慢；④Mg^{2+} 不变时，CO_3^{2-}-Ca^{2+}-SO_4^{2-}-Al^{3+} 离子耦合对结晶有较大影响，且结晶生长规律表现先快后慢；⑤Al^{3+} 不变时，CO_3^{2-}-Ca^{2+}-SO_4^{2-}-Mg^{2+} 离子耦合对结晶有较大影响，且结晶生长规律表现先快后慢。进而可推知，CO_3^{2-}、SO_4^{2-}、Ca^{2+}、Mg^{2+}、Al^{3+} 均不变时，结晶类离子耦合对结晶有一定影响，且表现先快后慢，易知 CO_3^{2-}-SO_4^{2-}-Ca^{2+}-Mg^{2+}-Al^{3+} 离子耦合对管道结晶堵塞有重要影响，结晶过程出现结晶增长区和缓慢区，但整体均促进结晶。

6.6.6 结晶生长规律分析

1）管道结晶现象

经上述分析，管道结晶在第 9 组时，不管溶液配比如何，即溶液浓度如何，均出现缓慢增长趋势，甚至出现结晶稳定区域，故为了更好地分析结晶规律，现对每组试验第 8 天时的每一个观察孔的试验结晶情况进行拍照记录，选择第 9 组试验进行举例，如图 6-11 所示。

由图 6-11 可知：G1~G5 结晶段，G5 段的结晶量最多，G1 段最少，且呈现逐渐增多现象；从 G6~G10 结晶段，G10 段的结晶量最多，G6 段最少，且呈现逐渐增多现象。其与左右两端观察段结晶形成对比，均满足在环管出水口处结晶量少，在纵向排水管出水口、横向排水管处结晶多的规律。这说明排水管结晶堵塞主要是在物理、化学沉积作用下，不断堆积而形成，其中在位于纵管出水口、横管堆积最多，这就大大影响了隧道的运营安全。

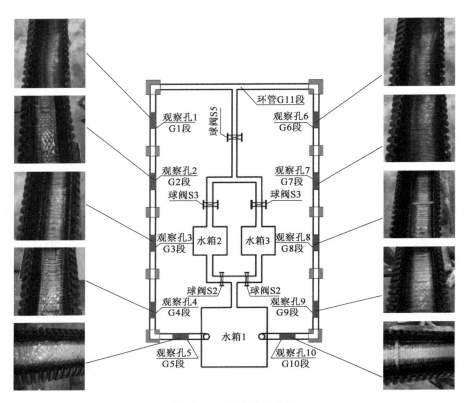

图 6-11　管道结晶生长

2）管道结晶生长规律对比分析

根据模型试验结果，对白云岩隧道排水系统混合溶液结晶规律进行分析。由于结晶是一个复杂的过程，现采用结晶区的结晶量对比分析结晶生长，如图 6-12 所示。

由图 6-12 可知：通过对比第 1 组～第 16 组每一个观察孔可知：G1 与 G6 位于环管出水口，结晶量随离子浓度的改变而改变，且呈增长趋势；当混合溶液浓度位于第 9 组后，其结晶出现缓慢增加，并且在整个结晶过程中，结晶增长量少；G2 与 G7、G3 与 G8、G4 与 G9、G5 与 G10 的结晶规律和 G1 与 G6 是类似的，但 G4 与 G9、G5 与 G10 的结晶量在整个试验中最大，这也符合隧道排水管结晶堵塞规律，即在纵管、横管处堵塞较为严重。这主要由于物理、化学沉积作用，使得堵塞物或结晶在此处聚集，从而造成结晶堵塞。

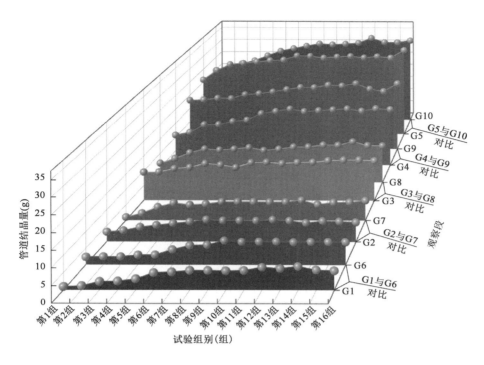

图 6-12 每个观察段结晶生长

结晶累计变化如图 6-13 所示。

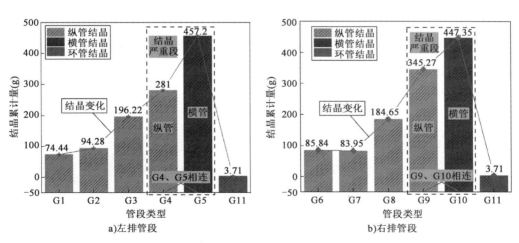

图 6-13 结晶累计变化

由图 6-13 可知:纵管 G4、G9 及横管 G5、G10 结晶堵塞较为严重,环管堵塞较轻,相较纵管、环管而言,横管 G5、G10 堵塞最严重。根据堵塞可推断,对于实际隧道,纵管出水口、横管堵塞较为严重,环管结晶堵塞程度较低。

6.7 结晶堵塞程度评价

根据试验结果,采用第 1 组～第 16 组的每个研究管段 G1～G11 累计结晶量衡量横管、纵管、环管结晶堵塞程度,换算为每延米管道累计结晶量,并引入堵塞系数(堵塞系数越大,每延米管道结晶就越多,管道堵塞就越严重,管道结致塞危害就越大),定义如下:

$$\left. \begin{array}{l} \alpha = \dfrac{\sum G_i}{G} \\ \gamma = \dfrac{\sum G_j}{G} \\ \beta = \dfrac{\sum G_k}{G} \end{array} \right\} \quad (6\text{-}4)$$

式中:α、γ、β——分别为纵管、横管、环管堵塞系数;

G_i、G_j、G_k——分别为每延米纵管、横管、环管的结晶累计量(g/m);

G——每延米整个排水系统结晶累计量(g/m),且 $G = G_i + G_j + G_k$。

经计算,G_i、G_j、G_k 分别为 21.056g/m、56.531g/m、0.145g/m,$G = 77.702$g/m,从而可得:

$$\alpha = \frac{21.056}{77.702} = 0.271;\; \gamma = \frac{56.531}{77.702} = 0.728;\; \beta = \frac{0.145}{77.702} = 0.002$$

每延米管道结晶量换算见表 6-16。由表 6-16 可知:存在 $\beta < \alpha < \gamma$:横管结晶量较多,堵塞系数 γ 较大,堵塞程度较大,结晶危害性较高,纵管次之;由于 $\beta = 0.002$,说明 $\beta \to 0$,结晶致塞程度较低,危害性也较小,即结晶堵塞时,环管较为安全。

每延米管道结晶换算　　　　表 6-16

管道类型	管道累计结晶量(g)	管道累计长度(m)	每延米管道结晶量(g/m)	堵塞系数
纵管	1345.65	64	21.056	$\alpha = 0.271$
横管	904.5	16	56.531	$\gamma = 0.727$
环管	3.71	25.6	0.145	$\beta = 0.002$

每延米管道结晶量、管道堵塞系数与管道类型关系如图 6-14 所示。

由图 6-14a)可知:纵管每延米结晶量少于横管,但高于环管,环管每延米结晶量为 0.145g/m,说明结晶致塞对环管影响较小;由图 6-14b)可知:$\gamma \approx 2.7\alpha$,说明在规定条件下,横管每延米结晶量约为纵管的 2.7 倍,堵塞程度也较高。

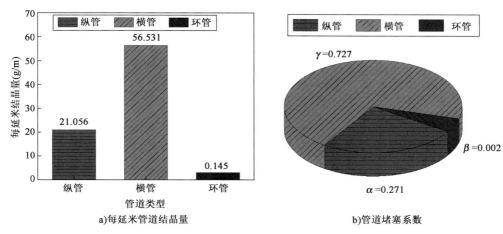

图 6-14 每延米管道结晶量、堵塞系数与管道类型关系

可以发现,每延米横管堵塞系数较大、结晶量较大,进而可以推断,排水系统中结晶致塞对横管影响较大。

横管堵塞严重可能存在原因:①横管与排水边沟相连,且纵管、环管中的泥沙、沉淀结晶等均最终流向横管,在流向排水边沟排除时,横管可能由于排水不畅而导致堵塞严重;②横管与排水边沟相连,在横管出水口和混凝土衬砌层接触,水中含有一些沉淀离子,如 SO_4^{2-}、CO_3^{2-} 等,而混凝土衬砌中含有 Ca^{2+}、Mg^{2+} 等离子,混凝土受到侵蚀而结晶堵塞管道,这与第 3 章机理分析相吻合。

6.8 试验结果讨论

6.8.1 适用性讨论

(1)试验采用控制离子浓度进行单因素正交试验,采取控制变量法开展研究,横管、纵管、环管结晶规律均是在以离子浓度为变量下开展,考虑因素可能存在一定偏差,此试验规律可为管道结晶堵塞破除、分级提供借鉴。

(2)结晶生长主要采用第 1 组~第 16 组的结晶生长累计量来表示。在实际中,结晶生长相当复杂,有物理、化学、生物等影响因素,故将此作为结晶生长的规律,可能有一定偏差,但可将此规律反映到现实隧道结晶堵塞情况,为治理隧道管道堵塞提供借鉴。

(3)采用控制变量分析不同离子对结晶影响规律,虽然因素单一,与实际存在一定偏差,但是可反映实际隧道结晶堵塞规律,为更好找到堵塞病根并进行根治提供参考。

(4)通过试验数据分析结晶生长,建议后续研究可对结晶生长做预测,如指数函数预测、非线性预测等。

6.8.2 优化建议

(1)本试验主要考虑多离子混合耦合对隧道排水管结晶影响,其温度、水速、管材等因素均控制同一试验水平,故建议后续研究可以采用多因素多变量耦合方法研究隧道排水管结晶堵塞。

(2)本试验采用的溶液是根据现场测量统计及水质分析配制,故建议后续研究,可多采集现场水样进行试验,这样能更好模拟隧道排水管结晶堵塞。

(3)本试验采用4水平5因素正交法,考虑的因素水平可能与实际存在偏差,建议后续研究可增加水平数,多维衡量结晶规律。

(4)离子浓度配制时,本试验根据白云岩隧道管内溶液浓度统计,利用等差数列进行划分,这与实际可能存在偏差,故建议后续开展试验时,找到更加可行的方法,让配制的溶液与实际工程溶液浓度更加吻合。

6.9 本章小结

(1)分析管道结晶规律发现,纵管、横管结晶堵塞较为严重,环管结晶堵塞危害较小。

(2)分析得出结晶类离子、非结晶类离子致塞规律:结晶类对排水管结晶堵塞影响较大,而非结晶类离子的影响较小;结晶与离子浓度呈正相关,但当离子浓度达到一定值后,便会出现结晶稳定区,结晶增长缓慢,总体趋势是促进结晶。

(3)Cl^--K^+-Na^+离子耦合时,对管道结晶有一定影响,且当耦合浓度在第8组后,结晶增长缓慢,说明非结晶类离子耦合浓度越大,对结晶沉淀先表现先协同后抑制;CO_3^{2-}-SO_4^{2-}-Ca^{2+}-Mg^{2+}-Al^{3+}离子耦合浓度对管道结晶沉淀影响较大,基本上耦合浓度越大,其结晶就越多,且在部分区域出现峰值或者稳定区。

(4)离子耦合整体上对管道结晶有较大影响,并且整体上是促进结晶,其区别就是形成稳定区域的离子浓度区间范围不同。

(5)分析结晶生长规律可以发现,晶体出现先增长后趋于稳定、结晶增长率由$K>0$向$K\approx 0$的转变,说明结晶过程中,离子相互耦合反应,当浓度达到某一范围时相互间又会出现抑制。

(6)纵管、横管、环管结晶致塞的堵塞系数分别为α、γ、β,存在$\beta<\alpha<\gamma$,表明结晶致塞对横管影响较大,横管堵塞程度较高。

第7章

白云岩隧道排水系统混合溶液结晶堵塞分级初步探究

在役隧道有衬砌侵蚀、冻害和水害等病害,其中由于结晶堵塞引起隧道水害较为常见,常表现为衬砌渗漏水、开裂掉块、塌落等,重者导致管道堵塞、衬砌破损等,致使隧道无法运营;轻者照明通风、交通指示等设施损坏或失效。结晶堵塞是隧道广泛存在且不易根除的顽疾之一。

7.1 结晶堵塞分级构思

7.1.1 分级意义

隧道排水管结晶堵塞危害重大,严重影响隧道工程安全。开展隧道排水管结晶堵塞分级,从理论方面对排水管结晶堵塞进行定量研究,是非常有必要的。其工程意义如下:

(1)可为隧道工程建设采取防结晶措施提供参考,为隧道运营安全提供有力保证,降低后期运营维护成本。

(2)隧道排水管结晶堵塞分级类似围岩等级分级,可为隧道排水系统设计提供技术支撑。

(3)弥补之前只是凭经验开展结晶堵塞治理或结晶致塞事后处理等研究的缺陷,定性或定量描述隧道排水管结晶堵塞程度,可更好根据结晶堵塞分级,提供有效破除的依据及理论基础。

7.1.2 分级路线

根据第4章试验现象可知,结晶体从无到有、从小到大、从少到多,最后附着在排水管管壁上,结晶面高度远低于过水断面高度,结晶堵塞分级构思如图7-1所示。

在图7-1中,结晶堵塞分级分为三个阶段:前期探索、指标计算、分级模型构建。前期探索:对相关类似文献进行研读分析,确定结晶分级意义及结晶分级思路,结合第4章试验现象及结果,进行相关基本假定,设计结晶断面分级模型。指标计算:构建结晶堵塞应力理论、结晶堵塞断面物理参数计算、衬砌压力折减计算等指标。分级模型构建:确定相关分级指标,从重到轻初步构思设计堵塞模型,计算分级系数 l、堵塞高度 H、围岩压力 σ 等定量指标,进而初步得到结晶分级。

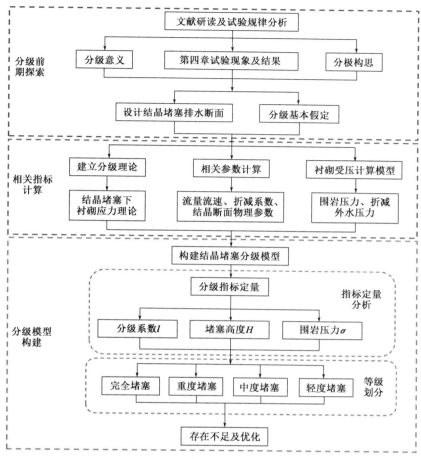

图 7-1 结晶堵塞分级构思

7.2 结晶堵塞分级模型构建

7.2.1 分级假设

为研究隧道排水管堵塞分级,其控制类型、条件假设如表 7-1 所示。

分级控制类型、条件假设　　　　表 7-1

控制类型	条件假设
管道流速 v	隧道排水管道中水流为恒定流
过水断面 s	隧道排水管道中过流断面高度大于管道结晶高度
管材种类	采用实际隧道排水管道,包括 PVC 管、PE 波纹管
管道计算长度	取纵向每延米
堵塞模型	依据第 4 章模型试验设计结晶堵塞模型,符合图 5-2

7.2.2 分级模型构建

根据假定、第 4 章试验现象,横管结晶堵塞程度较高。将整个隧道排水管道看作一个整体进行研究,假定横管结晶堵塞时,整个排水系统将发生堵塞,取每延米管道结晶堵塞衡量分级,不考虑回流影响,构建结晶堵塞分级简化模型,如图 7-2 所示。

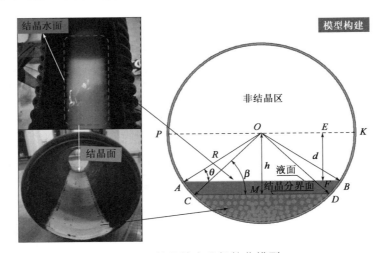

图 7-2 结晶堵塞分级简化模型

根据圆的面积公式可得:

$$S = \pi R^2 \tag{7-1}$$

式中:R——管道半径(m);
S——管道面积(m^2)。

结晶堵塞物及过水断面换算面积:

$$S_1 = R\left[\frac{\pi}{2}R - \beta R - R\cos\beta + (R-h)\cos\beta\right] \tag{7-2}$$

$$S_2 = R\left[\frac{\pi}{2}R - \theta R - R\cos\theta + (R-d)\cos\theta\right] \tag{7-3}$$

上式中:h——结晶堵塞体的中心高度(m);
d——液面至中心点距离(m);
θ——流动角,AB 与 OB 的夹角(°);
β——结晶角,即 OC 与 CD 间夹角(°);
S——管道横截面面积(m^2);
S_1——结晶堵塞物的投影换算面积(m^2);

S_2——过水面换算面积(m^2)。

为表征管道结晶堵塞程度,做如下规定:

$$\eta_1 = \frac{S_1}{S} \tag{7-4}$$

$$\eta_2 = \frac{S_2}{S} \tag{7-5}$$

上式中:η_1——结晶面积与排水管横截面面积之比,表征管道堵塞程度;

η_2——过水面面积与管道横截面面积之比,表征管道过水能力。

7.3 结晶堵塞分级指标计算

7.3.1 流量及流速计算

针对隧道排水管道堵塞模型,可通过管道水力计算公式得:

$$r = \frac{S_2}{2R\cos\theta + 2\pi R\left(\frac{1}{2} + \frac{\theta}{\pi}\right)} \tag{7-6}$$

$$Q = \frac{1}{n} S_2 r^{\frac{2}{3}} J^{\frac{1}{2}} \tag{7-7}$$

上式中:Q——管道中流体流量(m^3);

r——水力半径(m);

J——水力坡度。

管道中流体流速:

$$v = \frac{1}{n} r^{\frac{2}{3}} J^{\frac{1}{2}} \tag{7-8}$$

式中:v——管道中流体流速(m/s);

n——管壁粗糙系数,对于常用的隧道排水管道 UPVC 和 PE 管,n 通常取 0.009~0.011。

将式(7-3)代入式(7-7)中,得:

$$Q_m = \frac{1}{n} S_2 \left[\frac{R\left(\frac{\pi}{2}R - \theta R - R\cos\theta + (R-d)\cos\theta\right)}{2R\cos\theta + 2\pi R\left(\frac{1}{2} + \frac{\theta}{\pi}\right)} \right]^{\frac{2}{3}} J^{\frac{1}{2}} \tag{7-9}$$

式中:Q_m——管道结晶堵塞下流体流量(m^3)。

将式(7-3)、式(7-6)代入式(7-8)中,得:

$$v_m = \frac{1}{n}\left[\frac{r\left(\frac{\pi}{2}R - \theta R - R\cos\theta + (R-d)\cos\theta\right)}{2R\cos\theta + 2\pi R\left(\frac{1}{2} + \frac{\theta}{\pi}\right)}\right]^{\frac{2}{3}} J^{\frac{1}{2}} \quad (7\text{-}10)$$

式中:v_m——管道结晶堵塞下流体流速(m/s),这里主要指结晶水流速。

进而可得,当管道发生堵塞时堵塞物高度为$(R-h)$,可计算出堵塞横截面处的流速和流量,实际计算时,采用$(R-d)$代替$(R-h)$。

7.3.2 衬砌压力计算

根据袁金秀等人的研究,构建围岩压力计算模型,如图7-3所示。进行模型计算及分析之前,该模型需满足以下假定:

(1)围岩属于各向同性均质围岩;
(2)水位线高于拱顶,且隧道为圆形隧道;
(3)隧道位于稳定流渗流状态;
(4)水流符合达西定律,压力计算满足弹性力学基本假定。

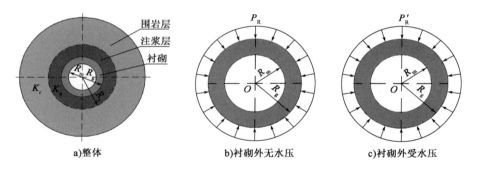

图7-3 围岩压力计算模型

P_R-衬砌外无水压时的围岩压力;P'_R-衬砌外有水压时的围岩压力;R_m-衬砌内轮廓半径;R_g-衬砌外轮廓半径;K_r-围岩渗透系数;K_g-注浆圈渗透系数

根据《弹性力学》(第5版)一书中关于圆环或圆通拉梅解答可得(主要考虑径向压力):

(1)对于图7-3b),衬砌外无水压时:

$$\sigma_R = -\frac{1 - \frac{R_m^2}{\rho^2}}{1 - \frac{R_m^2}{R_g^2}} P_R \quad (7\text{-}11)$$

式中：σ_R——总压应力(MPa)；

ρ——极坐标的极径(m)，$R_m \leq \rho \leq R_g$。

（2）对于图 7-3c)，根据曾宇等人的研究可知，衬砌外受水压时，水压与围岩压力之间存在：

$$P'_R = P_R + mP_m \tag{7-12}$$

式中：P_m——衬砌折减水压力(MPa)；

m——有水压存在时，使得围岩压力发生变化的系数，与围岩孔隙率、黏滞系数、渗透率等有关，且 $0 \leq m \leq 1$。

根据拉梅解答，可得衬砌压力 σ'_R：

$$\sigma'_R = -\frac{1-\dfrac{R_m^2}{\rho^2}}{1-\dfrac{R_m^2}{R_g^2}} P'_R \tag{7-13}$$

当 $m=0$ 时，$\sigma'_R = \sigma_R$；当 $m=1$ 时，$P'_R = P_R + P_m$，此时围岩压力最大。

隧道衬砌等效渗透系数指复合式衬砌在有相应排水系统时隧道衬砌的渗透系数。对于管道结晶堵塞引起的衬砌背后水压增大问题，可以等价视作由于衬砌等效渗透系数减小引起隧道衬砌水压增大。隧道排水系统发生堵塞，管道排水能力下降，排水量减小，衬砌后水压增大；衬砌等效渗透系数减小，同样会导致管道排水量减小，衬砌水压增大。两者造成的结果一致，故只需找出两者之间数学关系，便能将隧道排水系统结晶堵塞问题转化为衬砌压力问题。

隧道衬砌等效渗透系数 K_m、流量 Q_m、水力坡度 J 之间的关系如下：

$$K_m = \frac{Q}{SJ} \tag{7-14}$$

将式(7-9)代入式(7-14)，得到当隧道排水系统发生堵塞后，等效变化的隧道衬砌等效渗透系数 K_m。

$$K_m = \frac{1}{n}S_2 \left[\frac{R\left(\dfrac{\pi}{2}R - \theta R - R\cos\theta + (R-d)\cos\theta\right)}{2R\cos\theta + 2\pi R\left(\dfrac{1}{2} + \dfrac{\theta}{\pi}\right)}\right]^{\frac{2}{3}} J^{-\frac{1}{2}} \tag{7-15}$$

根据圆形隧道进行衬砌水压力的计算，通过周长等效法将复合衬砌隧道的内径周长和外径周长代入式(7-16)，便可计算得到圆形隧道的等效内径 r'_0 和等效外径 r'_1。

$$r' = \frac{l}{2\pi} \tag{7-16}$$

$$P_w = \gamma_w H_w \tag{7-17}$$

$r'_0 = R_m \cdot r'_1 = R_g$,进一步计算得到隧道衬砌折减水压力 P_m：

$$P_m = \frac{\gamma_w H_w \ln \frac{R_g}{R_m}}{\ln \frac{R_g}{R_m} + \frac{K_m}{K_r}\ln \frac{H_w}{R_g} + \frac{K_m}{K_g}\ln \frac{R_g}{R_m}} \tag{7-18}$$

围岩压力与水压力之间存在：

$$\sigma'_R = -\frac{1-\frac{R_m^2}{\rho^2}}{1-\frac{R_m^2}{R_g^2}}\left(\frac{1-\frac{R_m^2}{\rho^2}}{1-\frac{R_m^2}{R_g^2}} \cdot P_R + m \cdot \frac{\gamma_w H_w \ln \frac{R_g}{R_m}}{\ln \frac{R_g}{R_m} + \frac{K_m}{K_r}\ln \frac{H_w}{R_g} + \frac{K_m}{K_g}\ln \frac{R_g}{R_m}}\right) \tag{7-19}$$

式中：γ_w——水的重度（kg/m³）；

H_w——隧道中心位置水头（m）。

7.4 结晶堵塞分级模型初步分析

7.4.1 衬砌压力折减依据

根据《公路隧道设计规范 第一册 土建工程》（JTG 3370.1—2018），初期支护作为主要承载结构，在Ⅰ~Ⅲ级围岩二次衬砌可作为安全储备，在Ⅳ~Ⅴ级围岩二次衬砌按照承载结构进行设计，并且Ⅳ级围岩中二次衬砌承担的释放荷载比例（j）为20%~40%，Ⅴ级围岩中j为60%~80%，总体上j取值范围为$0 < j < 1$。当结晶堵塞时，衬砌受到的水压力就会增大，当增大到一定程度时，衬砌可能出现裂纹、轻度漏水、重度漏水、胀破等现象。本书释放荷载主要包括围岩压力、水压力、管道结晶堵塞导致的堵塞压力（结晶压力）。

7.4.2 衬砌水压力折减分析

由于隧道排水管发生堵塞时隧道衬砌所受压力会增大，但是目前关于排水管堵塞导致衬砌压力增大方面的计算较少。通过李金鑫的研究可知，排水管导致的衬砌压力计算可等效为衬砌水压力计算，这中间多加一个衬砌压力折减系数。为使计算方便，这里对式（7-18）进行化简，化简结果见式（7-20）。

对式(7-18)做如下变形:

$$P_\mathrm{m} = \gamma_\mathrm{w} H_\mathrm{w} \frac{\ln \frac{R_\mathrm{g}}{R_\mathrm{m}}}{\ln \frac{R_\mathrm{g}}{R_\mathrm{m}} + \frac{K_\mathrm{m}}{K_\mathrm{r}} \ln \frac{H_\mathrm{w}}{R_\mathrm{g}} + \frac{K_\mathrm{m}}{K_\mathrm{g}} \ln \frac{R_\mathrm{g}}{R_\mathrm{m}}} \tag{7-20}$$

化简可得,水压力折减系数为:

$$\beta \approx \frac{\ln \frac{R_\mathrm{g}}{R_\mathrm{m}}}{\ln \frac{R_\mathrm{g}}{R_\mathrm{m}} + \frac{K_\mathrm{m}}{K_\mathrm{r}} \ln \frac{H_\mathrm{w}}{R_\mathrm{g}} + \frac{K_\mathrm{m}}{K_\mathrm{g}} \ln \frac{R_\mathrm{g}}{R_\mathrm{m}}} \tag{7-21}$$

其中,$0 \leqslant \beta \leqslant 1$,进而得到衬砌水压力折减计算公式(7-22):

$$P_\mathrm{m} = \gamma_\mathrm{w} \beta H_\mathrm{w} \tag{7-22}$$

其中,β 为综合评价指标,它包含外水压力传递受阻时的水头损失系数 β_1、水压作用面积减少系数 β_2、排水卸压系数 β_3。

$$\beta = \beta_1 \beta_2 \beta_3 \tag{7-23}$$

当 $\beta = 0$ 时,衬砌不受水压力;当 $\beta = 1$ 时,水压力值最大。

式(7-19)化简得:

$$\sigma'_\mathrm{R} = -\frac{1 - \frac{R_\mathrm{m}^2}{\rho^2}}{1 - \frac{R_\mathrm{m}^2}{R_\mathrm{g}^2}} (\sigma_\mathrm{R} + m\beta \gamma_\mathrm{w} H_\mathrm{w}) \tag{7-24}$$

对式(7-24)做如下变形:

$$\sigma'_\mathrm{R} = -\left(\frac{1 - \frac{R_\mathrm{m}^2}{\rho^2}}{1 - \frac{R_\mathrm{m}^2}{R_\mathrm{g}^2}} \sigma_\mathrm{R} + m\beta \gamma_\mathrm{w} \frac{1 - \frac{R_\mathrm{m}^2}{\rho^2}}{1 - \frac{R_\mathrm{m}^2}{R_\mathrm{g}^2}} H_\mathrm{w} \right) \tag{7-25}$$

令:

$$a = -\frac{1 - \frac{R_\mathrm{m}^2}{\rho^2}}{1 - \frac{R_\mathrm{m}^2}{R_\mathrm{g}^2}} \tag{7-26}$$

故式(7-24)可化简为:

$$\sigma'_\mathrm{R} = a\sigma_\mathrm{R} + am\beta \gamma_\mathrm{w} H_\mathrm{w} \tag{7-27}$$

式(7-27)中,常数 a 的范围为 $-1 < a < 0$,表示衬砌总是受压,负号表示衬砌受力方向,可根据具体取值计算得出,等式右边第一项为无水压时围岩压力,第二项为衬砌折减

后水压力。

本书采用拉梅解答,将衬砌单元等效为薄壁圆筒,此时除了边界外,根据规范可知,一般外轮廓线半径 R_g 比内轮廓线半径 R_m 稍大一些,而 $R_m < \rho < R_g$,进而可以推断:$1 - \frac{R_m^2}{R_g^2} > 1 - \frac{R_m^2}{\rho^2}$。

7.4.3 结晶堵塞分级模型分析

在进行分级模型构建时,将整个隧道排水系统看作一个整体,取每延米隧道排水系统结晶累计量进行评判。

考虑结晶堵塞会引起衬砌受力增大,进而衬砌除了承担 σ'_R 外,整体还受到堵塞导致的压力 σ_L(结晶压力),现引入衬砌许用应力 $[\sigma]$,有以下关系:

(1)当 $\sigma'_R + \sigma_L < [\sigma]$ 时,衬砌偏于安全;

(2)当 $\sigma'_R + \sigma_L = [\sigma]$ 时,衬砌处于极限平衡;

(3)当 $\sigma'_R + \sigma_L > [\sigma]$ 时,衬砌偏于危险。

从而根据式(7-27),可得分级条件为:

$$a\sigma_R + \sigma_L + am\beta\gamma_w H_w \leq [\sigma] \tag{7-28}$$

式中:$a\sigma_R$——无水压时衬砌所受围岩压力(MPa);

σ_L——排水管道堵塞导致的衬砌压力(MPa);

$am\beta\gamma_w H_w$——作用在衬砌上的水压力(MPa)。

围岩压力与渗水深度、含水率关系如图7-4所示。由图7-4可知,隧道围岩压力与含水率、渗水深度呈正相关,即渗水深度越大,围岩压力就越大;反推可知,当隧道水位线越高,围岩渗水深度就会越大,围岩含水率就会越高,隧道围岩压力也会越大。故由于水位存在,导致隧道衬砌承担的围岩压力也会增大。进而可得 $0 \leq m \leq 1$。据已知条件,$-1 < a < 0, 0 \leq \beta \leq 1$,而且一般在拱顶压力最大,本书只研究竖向最大荷载的作用与结晶间的关系,即水位线高度为 H_{w1} 时,围岩压力方向与变形方向均指向隧道衬砌,此时 $a\sigma_R$、σ_L、$am\beta\gamma_w H_w$ 三项应力的方向相同。

$a\sigma_R$ 为不受水压时围岩压力,由于主要研究 σ_L、$am\beta\gamma_w H_w$ 之间的关系,而在隧道运营期,围岩稳定,在特定位置 $a\sigma_R$ 近似为常量,为了给隧道衬砌提供安全保证,以便于开展结晶堵塞分级,先对式(7-28)做如下处理:

$$\begin{cases} a\sigma_R + \sigma_L + am\beta\gamma_w H_w = j(\sigma_L + am\beta\gamma_w H_w) \\ am\beta = l \\ j = \dfrac{a\sigma_R + \sigma_L + am\beta\gamma_w H_w}{\sigma_L + am\beta\gamma_w H_w} \end{cases} \tag{7-29}$$

式中：j——围岩压力按比例 j 分配给二次衬砌的压力系数，与围岩等级有关；

l——分级系数。

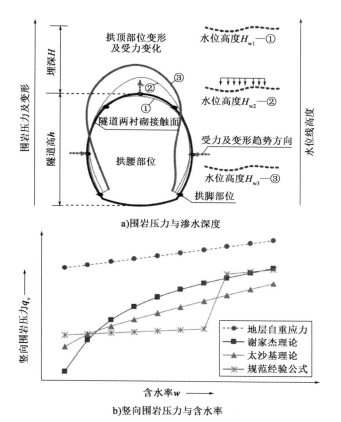

a) 围岩压力与渗水深度

b) 竖向围岩压力与含水率

图 7-4　围岩压力与渗水深度、含水率关系

故分级条件变为：

$$j(\sigma_L + l\gamma_w H_w) \leq [\sigma] \tag{7-30}$$

在 j、l 条件下，对应的围岩压力 σ、衬砌压力 σ_c 分别为：

$$\sigma = \sigma_L + l\gamma_w H_w \tag{7-31}$$

$$\sigma_c = j(\sigma_L + l\gamma_w H_w) \tag{7-32}$$

分级系数表达式为：

$$l \leq \frac{[\sigma] - j\sigma_L}{j\gamma_w H_w} \tag{7-33}$$

水位线高度表达式为：

$$H_w \leq \frac{[\sigma] - j\sigma_L}{jl\gamma_w} \tag{7-34}$$

对式(7-30)做如下分析：

(1)围岩压力 $\sigma = a\sigma_R + \sigma_L + l\gamma_w H_w$，为计算安全，由于 $a\sigma_R + \sigma_L + l\gamma_w H_w > \sigma_L + l\gamma_w H_w$，经计算可知，$j>1$。为了保证衬砌安全，$j$ 值按照二次衬砌承担荷载比例进行计算(按照7.4.1节取值，规定 $0<j<1$)，如果此时出现 $j(\sigma_L + l\gamma_w H_w) > [\sigma]$，那么此时一定有 $a\sigma_R + \sigma_L + l\gamma_w H_w > [\sigma]$，表明此时衬砌已经很危险，故取 $j(\sigma_L + l\gamma_w H_w) < [\sigma]$，且按照7.4.1节取值，规定按照 $0<j<1$ 进行计算，是偏于安全的。

(2)隧道管道堵塞可能会引起回流，部分结晶物可能会从其他管道随水流流出，可能减小衬砌压力，本书研究堵塞分级时均不考虑回流。

(3)Ⅰ~Ⅲ级围岩二次衬砌可作为安全储备，Ⅳ级围岩二次衬砌承担20%~40%的释放荷载，Ⅴ级围岩二次衬砌承担60%~80%的释放荷载。算例为Ⅲ级围岩，现按照Ⅳ级、Ⅴ级进行取值，计算结果偏安全；二次衬砌承担荷载比例系数(分级系数)j，且$j>0.2$；结晶体重量用水的重量代替；一般情况下，取 $\beta=1$ 时，水位线处于图7-4a) H_{w1} 位置，有 $H_{w1} > H$(H-管道结晶堵塞高度)。若用 H 代替 H_w 进行计算，其结果是偏于安全的，此时式(7-34)变为：

$$H \leqslant \frac{[\sigma] - j\sigma_L}{jl\gamma_w} \tag{7-35}$$

(4)采用取值 j，计算分级系数 l、定量分析堵塞高度 H、对应的围岩压力 σ，依据定量指标进行初步分级。

堵塞分级计算指标有分级系数 l、堵塞高度 H、围岩压力 σ，具体计算公式如下：

$$\begin{cases} l \leqslant \dfrac{[\sigma] - j\sigma_L}{j\gamma_w H} \\ \sigma \leqslant \sigma_L + l\gamma_w H \\ H \leqslant \dfrac{[\sigma] - j\sigma_L}{jl\gamma_w} \end{cases} \tag{7-36}$$

假定围岩等级为Ⅲ~Ⅴ级，二次衬砌承担的最大竖向压力为 $\sigma_{\max.Y}$(Y表示Ⅲ、Ⅳ、Ⅴ级围岩)，此时有 $[\sigma] \approx \sigma_{\max.Y}$，故式(7-36)变为：

$$\begin{cases} l \leqslant \dfrac{\sigma_{\max.Y} - j\sigma_L}{j\gamma_w H} \\ \sigma \leqslant \sigma_L + l\gamma_w H \leqslant \sigma_{\max.Y} \\ H \leqslant \dfrac{\sigma_{\max.Y} - j\sigma_L}{jl\gamma_w} \end{cases} \tag{7-37}$$

式中：$\sigma_{\max.Y}$——二次衬砌承担的最大竖向压力(MPa)。

7.5 结晶堵塞分级举例分析

由于课题组现今还未找到其他更为合理分级办法,本章从衬砌受力角度出发;因衬砌受力较为复杂,有许多不可控因素,故本章算例思路主要考虑竖向压力,可能存在一定考虑不周,其计算与分析仅作为专家学者们参考。

7.5.1 案例分析及参数取值

根据杨瑞鹏等人的研究可知:Ⅲ级围岩伴有渗漏水、C25 混凝土模筑二次衬砌开裂脱落、最小安全厚度为 31cm 时,二次衬砌竖向压力 $\sigma_{max.Y}$ 为 86.63kPa;Ⅳ级围岩伴有渗漏水、C25 混凝土模筑衬砌开裂脱落、最小安全厚度为 36cm 时,二次衬砌竖向压力 $\sigma_{max.Y}$ 为 171.34kPa;Ⅴ级围岩伴有渗漏水、C25 混凝土模筑衬砌开裂脱落、最小安全厚度为 41cm 时,二次衬砌竖向压力 $\sigma_{max.Y}$ 为 244.712kPa。

由图 7-4 可知,在有渗水或流水时,衬砌压力会增大,间接作用在衬砌上的力也会增大,本书案例属于伴有少许裂隙水,此时 $\beta<1$ 的,在计算时取 $\beta=1$,那么此时反推可得:对于Ⅲ级围岩,最小安全厚度为 31cm 时,二次衬砌竖向压力 $q>86.63$kPa;对于Ⅳ级围岩,最小安全厚度为 36cm 时,二次衬砌竖向压力 $q>171.34$kPa;对于Ⅴ级围岩,最小安全厚度为 41cm 时,二次衬砌竖向压力 $q>244.712$kPa。此时二次衬砌可能已经出现不稳定,对于危险状态。

因此,从安全角度考虑,模型简化时,近似取 $[\sigma]\approx\sigma_{max.Y}$ 是安全的,本书现选择Ⅲ级围岩,取 $\beta=1$,$[\sigma]=86.63$kPa 为例开展分析。其Ⅳ级围岩、Ⅴ级围岩情况下的计算分析与Ⅲ级围岩计算相同。

7.5.2 相关分级指标计算

根据安全条件 $j(\sigma_L+l\gamma_w H)\leqslant[\sigma]$ ($j=0.2$,$0.3,\cdots,0.8$),以及 6.7 节可知,横管堵塞程度最高,堵塞系数高达 0.727。由于隧道排水管道是一个闭合系统,而横管连接排水边沟,当横管发生堵塞时,进而会导致整个排水系统排水不畅,衬砌压力也会增大。本章选择横管进行结晶堵塞分级研究,其中 D 为横管直径,堵塞程度计算参数如图 7-5

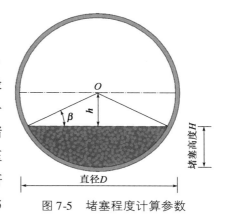

图 7-5 堵塞程度计算参数

所示,分级指标计算如表 7-2 所示。

结晶模型分级指标计算表 表 7-2

堵塞高度	$H=D$	$H=0.6D$	$H=0.45D$	$H=0.25D$
结晶压力 σ_L(kPa)	275.00	238.10	222.75	129.65
管道水压力 $\gamma_w H$(kPa)	110.00	66.00	49.50	27.50
许用应力 $[\sigma]$(kPa)	86.63	86.63	86.63	86.63
$0.20(\sigma_L+l\gamma_w H)\leq[\sigma]$	$l\leq 1.44$	$l\leq 2.96$	$l\leq 4.25$	$l\leq 11.04$
$0.30(\sigma_L+l\gamma_w H)\leq[\sigma]$	$l\leq 0.13$	$l\leq 0.77$	$l\leq 1.33$	$l\leq 5.79$
$0.32(\sigma_L+l\gamma_w H)\leq[\sigma]$	$l=0.00$	$l\leq 0.56$	$l\leq 1.06$	$l\leq 5.29$
$0.36(\sigma_L+l\gamma_w H)\leq[\sigma]$	$l\leq -0.34$	$l=0.00$	$0l\leq .31$	$l\leq 3.94$
$0.39(\sigma_L+l\gamma_w H)\leq[\sigma]$	$l\leq -0.48$	$l\leq -0.23$	$l=0.00$	$l\leq 3.38$
$0.40(\sigma_L+l\gamma_w H)\leq[\sigma]$	$l\leq -0.53$	$l\leq -0.33$	$l\leq -0.12$	$l\leq 3.16$
$0.50(\sigma_L+l\gamma_w H)\leq[\sigma]$	$l\leq -0.92$	$l\leq -0.98$	$l\leq -1.00$	$l\leq 1.59$
$0.60(\sigma_L+l\gamma_w H)\leq[\sigma]$	$l\leq -1.19$	$l\leq -1.42$	$l\leq -1.58$	$l\leq 0.54$
$0.67(\sigma_L+l\gamma_w H)\leq[\sigma]$	$l\leq -1.32$	$l\leq -1.64$	$l\leq -1.88$	$l=0.00$
$0.70(\sigma_L+l\gamma_w H)\leq[\sigma]$	$l\leq -1.37$	$l\leq -1.73$	$l\leq -2.00$	$l\leq -0.21$
$0.80(\sigma_L+l\gamma_w H)\leq[\sigma]$	$l\leq -1.52$	$l\leq -1.97$	$l\leq -2.31$	$l\leq -0.78$

7.5.3 相关分级指标分析

根据分级指标计算,二次衬砌承担荷载比例 j 与 l 之间的关系如图 7-6 所示。

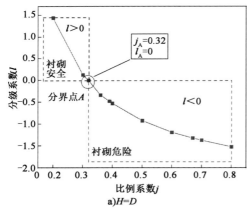
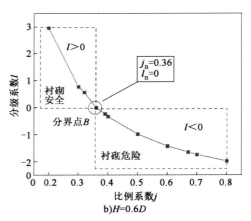

图 7-6

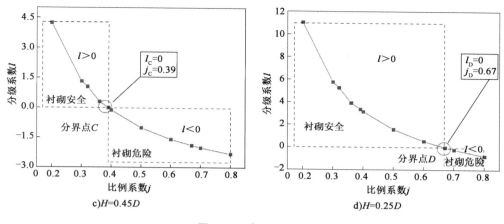

图 7-6 j 与 l 的关系

由图 7-6a)可知:在 $j_A = 0.32$ 时,$l_A = 0$,且当 $0 < j < 0.32$ 时,$l > 0$,此时衬砌偏安全;当 $0.32 < j < 0.8$ 时,$l < 0$,说明衬砌处于危险状态。由图 7-6b)可知:在 $j_B = 0.36$ 时,$l_B = 0$,且当 $0 < j < 0.36$ 时,$l > 0$,此时衬砌偏安全;当 $0.36 < j < 0.8$ 时,$l < 0$,说明衬砌处于危险状态。由图 7-6c)可知:在 $j_C = 0.39$ 时,$l_C = 0$,且当 $0 < j < 0.39$ 时,$l > 0$,此时衬砌偏安全;当 $0.39 < j < 0.8$ 时,$l < 0$,说明衬砌处于危险状态。由图 7-6d)可知:在 $j_D = 0.67$ 时,$l_D = 0$,且当 $0 < j < 0.67$ 时,$l > 0$,此时衬砌偏安全;当 $0.46 < j < 0.8$ 时,$l < 0$,说明衬砌处于危险状态。

在分级系数为 $l = 0$ 时,均存在 $j\sigma_L = [\sigma]$,此时类似衬砌极限平衡状态,只要小于这个范围,衬砌平衡状态就会发生变化。故考虑这个平衡状态下,衬砌所受的平衡力进行结晶堵塞分级时,为使得隧道衬砌安全,分别取分级系数 $l_A = 0.32$、$l_B = 0.36$、$l_C = 0.39$、$l_D = 0.67$ 时,对应的分界点分级系数如图 7-7 所示。

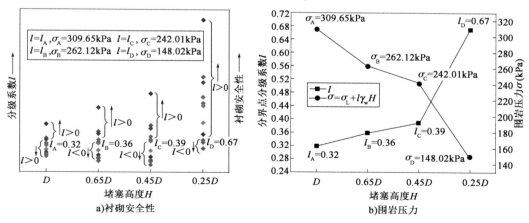

图 7-7 衬砌安全性与分级系数

由图 7-7 可知,衬砌安全性与分级系数之间存在较大关系,分级系数越大,衬砌稳定性就越好;管道堵塞越严重,分级系数越小,堵塞程度越轻,分级系数就越大,说明堵塞模型结晶量与分级系数成反比关系;当 $H=D$ 时,$l_A=0.32$,$\sigma=\sigma_A=309.65\text{kPa}$;当 $H=0.6D$ 时,$l_B=0.36$,$\sigma=\sigma_B=262.12\text{kPa}$;当 $H=D$ 时,$l_C=0.39$,$\sigma=\sigma_C=242.015\text{kPa}$;当 $H=D$ 时,当 $l_D=0.67$ 时,$\sigma=\sigma_D=148.02\text{kPa}$;$\sigma$ 随 l 的增大而增加,σ 随 j 的增大而增加,即 σ 与 l、j 呈正相关。进而可以推算出,当 $l_A \leq 0.32$ 时,存在 $\sigma_A \leq 309.65\text{kPa}$;当 $l_B \leq 0.36$ 时,存在 $\sigma_B \leq 262.12\text{kPa}$;当 $l_C \leq 0.39$ 时,存在 $\sigma_C \leq 242.015\text{kPa}$;当 $l_D \leq 0.67$ 时,存在 $\sigma_D \leq 148.02\text{kPa}$。

对于Ⅳ级、Ⅴ级围岩情况下结晶堵塞分级计算,分级模型、分级假定、分级条件等均和Ⅲ级围岩条件下的计算方法相同。按照上述分析方法,通过归纳总结,Ⅲ、Ⅳ、Ⅴ级围岩分级指标如表 7-3 所示。

表 7-3 Ⅲ、Ⅳ、Ⅴ级围岩分级指标汇总

围岩类型	(l_A,σ_A)	(l_B,σ_B)	(l_C,σ_C)	(l_D,σ_D)
Ⅲ级围岩	(0.32,309.65)	(0.36,262.12)	(0.39,242.01)	(0.67,148.02)
Ⅳ级围岩	(0.62,343.20)	(0.72,285.62)	(0.77,260.87)	(1.32,165.95)
Ⅴ级围岩	(0.89,372.90)	(1.03,306.08)	(1.10,277.20)	(1.89,181.62)

表 7-3 中,出现 $l>1$ 情况,此时说明二次衬砌已经作为主要承载结构,而非安全储备。堵塞模型与围岩等级关系如图 7-8 所示。

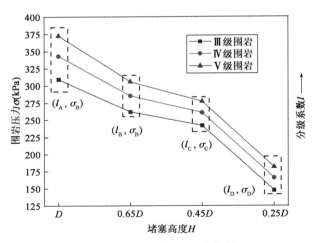

图 7-8 堵塞模型与围岩等级关系

由图 7-8 可知,σ_A、σ_B、σ_C、σ_D 与围岩等级成反比,与 l 成正比,进而推断 σ 与围岩等级、l 成正比。这说明Ⅲ级围岩下的衬砌压力及分级系数较小,如果Ⅲ级围岩中排水系统

发生危险,那么Ⅳ级、Ⅴ级围岩中必定会发生危险。加之Ⅰ级、Ⅱ级围岩较完整,受渗流影响也较小,这里分级不考虑Ⅰ级、Ⅱ级围岩对分级的影响,本书分级采用Ⅲ级围岩条件下的计算结果进行分级。

7.5.4　结晶堵塞分级初步划分建议

由于目前对于隧道排水管结晶堵塞分级无统一标准,本章根据结晶堵塞时产生的水压力与隧道衬砌间的作用关系,初步给出从完全堵塞到轻度堵塞四种等级,即完全堵塞、重度堵塞、中度堵塞、轻度堵塞(表7-4),并初步提出分级依据。

排水管结晶堵塞等级初步划分建议 表7-4

建议等级划分	堵塞高度(mm)	围岩压力 σ(kPa)	建议应对措施
完全堵塞	$0.6D < H \leq D$	$262.12 < \sigma \leq 309.65$	立即上报运管中心,制定专项治理方案,建议立即检查、养护、维修,并疏通排水
重度堵塞	$0.45D < H \leq 0.6D$	$242.01 < \sigma \leq 262.12$	7天内上报运管中心,制定专项治理方案,建议及时维护、疏通排水
中度堵塞	$0.25D < H \leq 0.45D$	$148.02 < \sigma \leq 242.01$	30天内上报运管中心,制定专项防治方案,建议季度内局部养护,疏通排水
轻度堵塞	$0 < H \leq 0.25D$	$0 < \sigma \leq 148.02$	30天内上报运管中心,制定针对性防控措施与监测方案,建议短时间可不做处理,但应定期检测

7.6　存在不足及后续改进建议

(1)目前研究隧道排水管结晶堵塞分级的学者较少,本章开展的研究方法与思路处于初步探索阶段,起到参考作用,在计算方面和假定方面可能存在考虑不周,如不考虑管道回流等,故建议后续研究者在思路、模型、条件假设、分级指标等可进行更加全面的分析,提出更加合理准确的分级标准,以在隧道领域推广使用。

(2)模型运用等效转化的思想,但要进行精确定量结晶分级,需确定隧道水压水头高度、衬砌内力,计算相当复杂。故建议后续研究者可耦合其他计算指标,结合模糊评价、神经网络、数值模拟等进行综合评价,进而给出更为全面结晶堵塞分级标准。

（3）由于堵塞分级考虑因素较多，无法进行综合考虑，而且堵塞分级模型通过算例进行分级，在结果的推广方面存在一定不足，建议后续研究者可定量研究不同因素对结晶的影响，然后再因素耦合进行研究，这样得到分级标准可能更具有普遍性。

（4）本章排水管结晶堵塞分级是从理论角度进行分析，由于考虑因素较多，未进行工程应用，如何将分级应用于实际工程也是课题组后期开展的课题，但是其结晶分级计算等效思想可为专家们提供借鉴。

7.7 本章小结

（1）阐述结晶堵塞分级的工程意义，设计分级模型、假定分级条件，并求解相关的物理参数，从而定量描述结晶堵塞分级。

（2）构建隧道排水管结晶堵塞导致的衬砌内力计算模型，建立分级理论，并初步设计结晶堵塞模型，给出相关物理指标，为后续研究提供借鉴。

（3）根据结晶堵塞分级条件，初步探讨结晶堵塞分级，提出从完全堵塞到轻度堵塞四种等级：完全堵塞、重度堵塞、中度堵塞、轻度堵塞。

第8章

CHAPTER EIGHT

白云岩隧道排水系统结晶体防治对策

8.1 白云岩隧道排水系统结晶体超声波法除晶研究

经第 4 章、第 7 章分析发现,结晶类离子对结晶影响较大,结晶体从无到有、从少到多附着在管壁,且会随时间推移进一步"生长",进而致使管道堵塞。研究分析相关文献中的多种结晶破除对策发现,阻止结晶生长、破碎结晶是有效除晶举措。鉴于除晶效果、环保等方面考虑,现提出采用超声波进行结晶体破除。

8.1.1 超声波除晶原理

超声波原理近似看作正弦函数曲线,呈一定的周期变化。采用超声波震动仪进行除晶,主要是利用超声波带动管壁周围结晶物震动,致使结晶物脱落管道,顺水流排出。

在超声波作用下,水中产生不同大小的气泡,当气泡大小达到一定程度时,此时水波具有一定能量与晶体相碰撞,使得晶体破碎顺流排除管道,而晶体反作用于气泡,导致新气泡不断生成,再次与晶体发生作用,从而达到除晶目的,如图 8-1 所示。

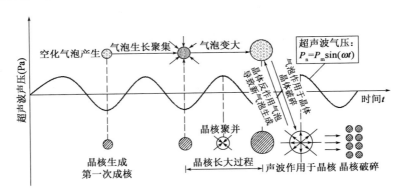

图 8-1　除晶原理

8.1.2 超声波除晶装置及方案

1) 装置设计

本章采用超声波进行除晶,试验装置如图 8-2 所示。结晶破除利用超声波空化作用,分别探究 35~60kHz 超声波频率下结晶破除效果,通过观察、录像等方式实时监测除晶,以确定不同频率下超声波除晶效果。

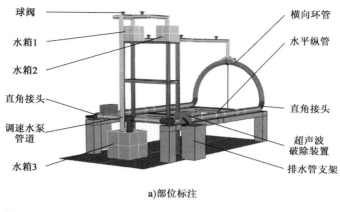

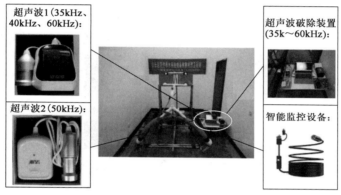

图 8-2 除晶装置

2) 方案设计

通过第 6.6.1 节试验可知,在试验第 9 组时,管道结晶随离子浓度的增加呈缓慢增长,故本章溶液浓度采用第 6.6.1 节第 9 组溶液配比浓度进行破除试验探究,其除晶方案如表 8-1 所示。

除晶方案　　　　　　　　　　　　　　　　　　　表 8-1

试验类型	超声波频率(kHz)	试验周期(d)	除晶效果监测
第 1 组	35	8	拍照、录像、称重
第 2 组	40	8	拍照、录像、称重
第 3 组	50	8	拍照、录像、称重
第 4 组	60	8	拍照、录像、称重

8.1.3 超声波除晶效果分析

1）试验现象

除晶装置从第 1 天至第 8 天安装在管道上，进行全程破除，记录时间均为每天中午 12:00，连续破除 8 天。结晶破除效果如图 8-3 所示。

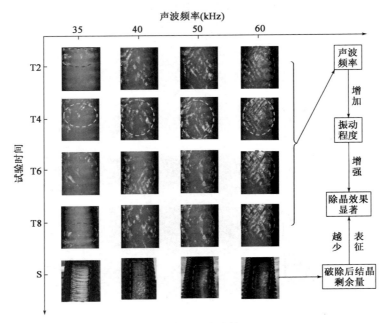

图 8-3 结晶破除效果

在图 8-3 中，T2 表示破除结晶第二天；T4 表示破除结晶第 4 天；T6 表示破除结晶第 6 天；T8 表示破除结晶第 8 天；S 表示破除结晶第 8 天后。管道结晶剩余监测量越小，说明除晶效果就越好。

采用 35kHz 进行除晶时，随着破除时间的增加，除晶有一定的效果，但除晶效果区别不是很大；采用 40kHz 进行除晶时，其效果较 35kHz 而言，效果较为显著，在 8 天后管道附着结晶量较少；采用 50kHz 进行除晶时，其效果更为明显，在 8 天后，管道结晶很少，甚至没有；采用 60kHz 进行除晶时，管道附着结晶量很少，和采用 50kHz 时的效果类似。

综上发现：声波频率越大，水波振动程度越大，除晶效果就越显著；声波频率越大，破除后管道结晶剩余量就越少，时间越长，除晶效果就越显著。超声波破除结晶效果显著，且随着超声波频率的增大，除晶效果更为明显，但当超声波频率达到 50kHz 时后，管道附着的结晶量基本不变。

2）除晶效果分析

取 8 天后的管道进行烘干，对比除晶前后排水管质量差异，进而定量反推超声波除晶效果，如表 8-2 所示，管道结晶前后质量对比分析如图 8-4、图 8-5 所示。

除晶前后排水管道质量差异（单位：g） 表 8-2

超声波频率	除晶前管道质量	除晶后管道质量	除晶残余量
35kHz	1015.66	1055.79	40.13
40kHz	1015.87	1030.47	14.60
50kHz	1015.56	1018.87	3.31
60kHz	1015.79	1017.23	1.44

注：1. 除晶前管道质量指试验前管道净（干）质量。
2. 除晶后管道质量指除晶试验第 8 天后，拆卸管道进行烘干的管道质量，包括管道自重和未除尽结晶剩余量。
3. 超声波装置从第 1 天~第 8 天安装在管道上，直到第 9 天后拆卸换管。

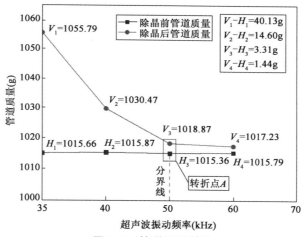

图 8-4 管道质量差异

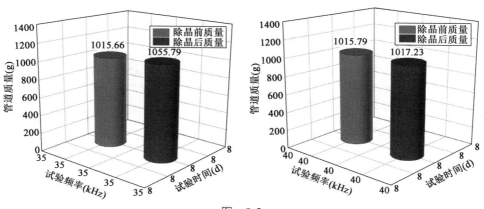

图 8-5

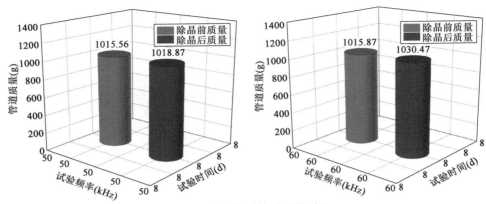

图 8-5　除晶前后管道质量对比

由图 8-4、图 8-5 可知：超声波对于隧道排水管结晶破除是有一定效果的，当频率小于 50kHz 时，除晶效果随频率增加较显著，当频率大于 50kHz 时，除晶率增加不明显，故建议 50kHz 作为超声波除晶频率。其中，当振动频率约为 50kHz 时，管壁结晶附着量趋于平缓，故在常温、正常流速时，建议采用 50kHz 超声波频率进行破除是较为合理的。

8.1.4　超声波除晶效果讨论

1）效果讨论

根据前面分析，超声波除晶效果较为明显，但是为什么 50kHz 除晶效果与大于 50kHz 除晶效差异不大？其原因可能是：

（1）管道两边对超声波具有阻碍作用，而超声波发挥作用的只在某一范围，超出这个范围可能就算是增大频率，除晶效果也差不多。如图 8-6 所示，50kHz 与 60kHz 作用的范围类似，除晶范围相似，这主要可能与管壁作用有关，即超声波传播过程会受到管壁阻碍，致使传播受阻。

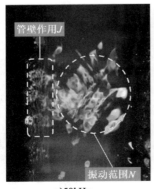

a) 50kHz　　　　　　　　b) 60kHz

图 8-6　超声波作用

(2)超声波也属于声波,其传播路径与介质有关,这里介质主要是各离子混合形成的溶液、离子间反应生产的沉淀、管壁、管道直径等,均会影响声波传播,致使超声波振动在一定范围之后,就算增大频率,效果差异不大。

2)适用性建议

(1)可探讨管壁对声波阻碍作用的大小,优化管道设计,如采用一些比较光滑的管道,减小粗糙度,降低对声波阻碍,更好地扩大声波作用范围。

(2)计算声波作用范围,分析声波传播规律,进而更好扩大声波作用范围,如可设计声波集中增扩器,减少声波在横向传播,尽可能地让声波沿着管道纵向传播,以扩大作用范围,提高效果。

8.1.5 超声波除晶系统优化探究

1)管道布置已有研究

课题组已有研究表明:针对排水管道可能出现反向排水、排水不足等问题提出如下对策:将连接横向排水管、环向排水管间的纵向排水管向上隆起,呈"V"形,如图8-7所示。根据现设排水方式,经过纵向排水管的水流量较大时,排水管"V"形纵向设置,可有效分担排水,避免出现反向排水、排水管排水不足等问题,也提高管道流水通畅度,减少排水管道结晶堵塞。

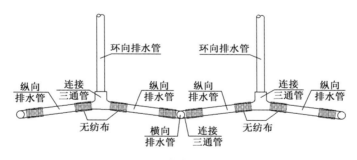

图8-7 排水布置方式

2)排水系统优化设计

通过结晶试验及破除试验可知,管道堵塞与离子种类有关,且出现结晶稳定及增长区域,而在横向排水管结晶量较多。保证管道通畅是隧道正常运营的前提,上述除晶试验已证明利用超声波可有效进行结晶破除。基于课题组已有研究成果,在进行排水系统除晶优化时,可在横向排水管中点处安装除晶装置,具体优化流程、设计分别如图8-8、图8-9所示。

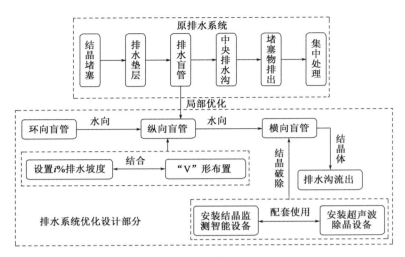

图 8-8　优化流程

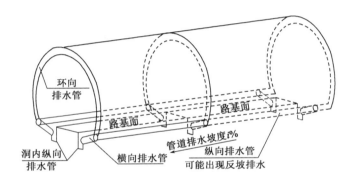

a) 优化前排水装置

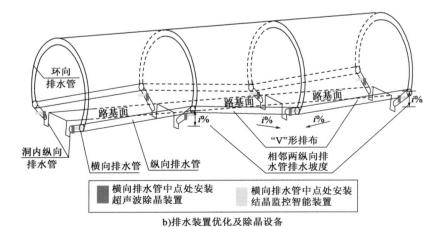

b) 排水装置优化及除晶设备

图 8-9　排水系统优化设计

由图 8-9 可知：在优化后的除晶系统中，分别在每节横管的中点处安装除晶设备配套智能监测结晶系统，通过智能监控结晶系统可实时观测排水系统结晶情况，之后打开/关闭超声波除晶装置，实时选择结晶破除时机。

3）模型分析与不足

（1）该优化模型根据超声波破除结晶试验进行优化设计。由于前期分析原纵向排水管可能存在反向排水，故将纵向排水管设计成"V"形，且有一定的排水坡度，这不仅可以避免反向排水，减轻纵管堵塞程度，还可有效减缓纵向排水管出现结晶堵塞，破坏排水系统。

（2）优化设计时，纵向排水管不设置破除设备，主要由于设置"V"形纵向排水管，可以增大排水管流量，根据 6.6.6 节可知，结晶量主要集中在纵向排水管出水口附近及横向排水管，当设置"V"形纵管时，可减少纵管结晶，故在横向排水管处安装除晶设备，可有效破除结晶，之后结晶物随水流流向排水沟排出。

（3）图 8-9 中"V"形布置管道，未应用于实际工程，其纵管排水坡度 $i\%$ 取值未明确给出，建议依据规范取值。目前这个排水设计方案处于在研阶段。

（4）超声波除晶设备如何安装才能发挥其最大作用、如何有效获取除晶信息、如何应用于实际工程等方面处于在研阶段。

8.2 白云岩隧道排水系统结晶体电化学法除晶研究

由第 4 章研究结果可知，碳酸钙结晶体最初在隧道排水系统内形成时，为颗粒状碳酸钙，并且会随着时间推移进一步固结，最终导致隧道排水系统堵塞。现根据其结晶堵塞的特征规律提出破除防治对策。

8.2.1 电化学沉积法

1）电化学沉积法基本原理

（1）结晶破除思路

目前，对隧道排水系统结晶堵塞问题，主要结晶破除方法可概括如表 8-3 所示。

结晶破除方法　　　　　　　　　　　　　　　　　　　表 8-3

结晶过程	破除方法
结晶前	调整初喷速凝剂配合比
	隔绝地下水与水泥

续上表

结晶过程	破除方法
结晶时	阻垢剂抑制
	隔绝二氧化碳
	管道植绒
	管道磁化
	管道电场
结晶后	高压水清除
	有机酸冲洗

厘清隧道排水系统结晶机理,便可采取相应方法解决隧道排水系统结晶问题。在目前研究中,隧道排水系统结晶机理尚有一定争议,本书第5章介绍了在隧道排水系统中可能出现的三类结晶机理,而这三类不同结晶机理是否是由于被研究隧道排水系统个体性的差异所致,还是别的影响因素所致,尚无定论;有的学者甚至认为,隧道排水系统中结晶机理可能是由多种机理相耦合,最终致使结晶发生。故目前若从结晶机理的角度出发,以求从本源上控制结晶问题还存在一定难度。

既然,对于隧道排水系统结晶机理的研究尚未明确,便难以控制影响结晶的因素。如此,对隧道排水系统中结晶处治方法,便以逆向的思路对这个问题进行探讨解决。方解石($CaCO_3$)为隧道排水系统发生堵塞的主要物质。在隧道排水系统中设置一个类似于沉积井,并且方便隧道维护清理的装置,尽可能地让结晶体在该装置内形成,即将隧道排水系统中产生的结晶控制到一个方便日常维护清理的位置。由此,对某一个实际隧道工程,即便排水系统中结晶机理不明的情况下,也能解决隧道排水系统结晶问题。

(2)电化学沉积原理

电化学沉积法常应用于金属器件的外层镀膜,这项技术在金属电镀方向的发展和研究已相对成熟。电化学沉积法的基本原理就是通过对含有金属离子的溶液加以电压,在电压的作用下,其溶液内金属阳离子不断向阴极聚集,并且获得电子,最终在阴极结晶沉淀,其结晶沉积原理如图8-10所示。

近年来,也有学者将该技术应用于土木工程领域内,学者们通过电化学沉积法,研究了在不同溶液下,电化学沉积反应发生后沉积结晶晶体[$Mg(OH)_2$、$CaCO_3$]对混凝土裂缝修复的能力;Li B 等研究了在不同钙离子浓度下,以电化学沉积法制备建筑材料中的$Mg(OH)_2$。在以上的研究中,其电化学沉积法都是以制备$Mg(OH)_2$为目的,但最终结晶体中都出现了$CaCO_3$,可见$CaCO_3$更容易在电解作用中析出沉积。

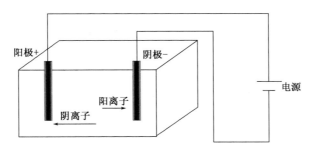

图 8-10　电化学沉积法结晶沉积原理

受此启发,将电化学沉积法应用于固定隧道排水系统中 Ca^{2+} 和 HCO_3^-,并将此装置末端出口连接到隧道排水系统的边沟内,以此达到将隧道排水系统中的 $CaCO_3$ 晶体固定到一个便于日常隧道养护清理方便的位置的目的。其固定 $CaCO_3$ 原理如图 8-11 所示。

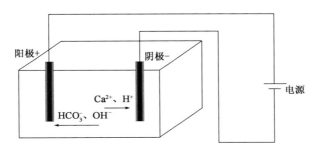

图 8-11　电化学沉积法固定 $CaCO_3$ 原理

阳极反应:

$$HCO_3^- + OH^- \longrightarrow CO_3^{2-} + H_2O \tag{8-1}$$

阴极反应:

$$2H^+ + 2e^- \longrightarrow H_2 \uparrow \tag{8-2}$$

$$Ca^{2+} + CO_3^{2-} \longrightarrow CaCO_3 \downarrow \tag{8-3}$$

2) 电化学沉积法参数

(1) 电流密度

电流密度指在电化学沉积电路中电流强和流动方向的物理量,沉积速度与电流密度呈线性关系,当电化学沉积电路中电流密度越大,电极上发生沉积越快。

(2) 电流形式

在电化学沉积法中,常用的电流形式有三种:直流电沉积、交流电沉积、脉冲电沉积。不同的电流形式对结晶体的沉积速度、结晶体的强度、结晶体在电极表面的附着力都有影响。

(3)水动力因素

尽管对于电化学沉积相关的影响因素和参数的选定相关研究已较为成熟,但是在隧道排水系统中布置上述装置,仍存在一个问题:水动力条件。无论在何领域,在以电化学沉积法进行试验时,通常其电极都位于静止的溶液内。在这样的条件下,施加外界电压作用后,装置的电极周围产生结晶,溶液内会产生较为明显的离子浓度差,离子源源不断地对电极周围进行补充,直至溶液内离子完全反应。

而相对于较为理想的静止溶液,隧道排水系统内水流处于长期流动状态,即使离子在电极周围发生迁移,最终形成结晶,而在水流流动作用下,就不一定能保证反应所需离子的供给,故而在隧道排水系统中布置电化学沉积装置需克服在水动力条件下可能造成的离子供给不足。

8.2.2 破除装置

1)装置原理

在外电压作用下,溶液中 Ca^{2+} 和 HCO_3^- 离子容易在电沉积电路的电极上生成结晶。但是考虑到随着结晶不断地附着沉积于电极之上,电路中电流密度势必会受到影响,$CaCO_3$ 固定沉积的速度会相应发生降低;同时,如果直接将电沉积电路置于隧道排水管内,当电极上 $CaCO_3$ 的沉积量达到一定程度,就可能发生脱落,脱落的大块 $CaCO_3$ 就可能进一步加快隧道排水系统堵塞。

综上所述,考虑以上可能对 $CaCO_3$ 固定沉积不利的结果,在管道间设置一个沉积管,为方便后期维护清理,沉积管道需与隧道排水边沟相连。将电沉积装置安装到沉积管末端,此时 $CaCO_3$ 固定沉积装置电极上所产生的 $CaCO_3$ 结晶在脱落以后就进入沉积管中,方便后期维护日常清理。$CaCO_3$ 固定沉积装置设计和实物图,分别如图 8-12、图 8-13 所示。

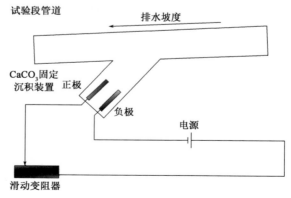

图 8-12 $CaCO_3$ 固定沉积装置设计图

图 8-13　$CaCO_3$ 固定沉积装置实物图

2）试验器材

$CaCO_3$ 固定沉积装置所需试验器材如表 8-4 所示，图 8-14、图 8-15 所示为试验所用电源、滑动变阻器、碳棒电极。对排水系统结晶影响试验组中结晶含量较多的 PVC 管材进行试验，装置具体布置位置如图 8-16 所示。由于方解石（$CaCO_3$）为排水系统内结晶的主要成分，故在试验和研究中也以 $CaCO_3$ 为主要研究对象。

$CaCO_3$ 固定沉积装置试验器材　　　　表 8-4

器材名称	规格型号
电源	J1202
滑动变阻器	50Ω，1.5A
电极	碳质，直径1cm，长度6cm
导线	铜质40cm
PVC 斜三通连接管件	F110
PVC 封闭管件	F110
防水胶带	—

图 8-14　试验电源与滑动变阻器

图 8-15 试验碳棒电极

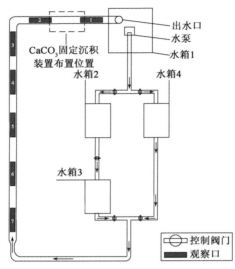

图 8-16 $CaCO_3$ 固定沉积装置布置位置

3) 试验步骤

首先,对 PVC 管道试验装置的试验模组进行重新组装,将各器材按照 $CaCO_3$ 固定沉积装置设计完成连接,并在防水碳棒与封闭管件连接处进行防漏处理;然后,在水箱 1 内加入 90L 无离子水,称取 504g 的 $NaHCO_3$(6mol)和 213g 的 $CaCl_2$(3mol),分别从水箱 2 和水箱 4 内分多次加水,每次加入时进行搅拌,待溶质溶解后再进行后续添加。待溶质完全溶解,打开供水模组中所有阀门,让溶液进入试验模组内进行混合反应,开启水泵,将水泵功率调节至 20%。

与此同时,将 $CaCO_3$ 固定沉积装置中滑动变阻器调至电阻最大位置,以保护电路。打开电源,将输出电流调整为直流,电压大小调整为 14V。经 24h 后关闭装置,并将 $CaCO_3$ 固定沉积装置取下,烘干,称重。

4) 试验结果

如图 8-17 和图 8-18 所示,先后对 $CaCO_3$ 固定沉积装置采用上述两种布置方案。对于布置方式 1 的设计初衷是考虑到,如果当结晶在 $CaCO_3$ 固定沉积装置内生成,并发生沉积后,不让水流进一步带走已结晶沉积的 $CaCO_3$,故以此方式连接沉积管。在以图 8-17 布置方案进行试验时,发现 $CaCO_3$ 固定沉积装置内无结晶体产生。产生该现象的原因可能是在电沉积电路中,反应进行完毕后,溶液因为水动力条件,导致溶液中离子无法及时对装置电极附近溶液离子进行补充,导致 $CaCO_3$ 固定沉积装置无结晶体生成。

基于上述原因,为及时补充 $CaCO_3$ 固定沉积装置电极周围离子,让沉积管内溶液与排水管道内溶液及时交换,以加快 $CaCO_3$ 结晶沉积,又采取如图 8-18 的布置方案 2 进行了改进试验,在试验进行 24h 后,$CaCO_3$ 固定沉积装置中的阴极碳棒结晶情况如图 8-19 所示。在电沉积电路的阴极碳棒上,产生了方解石结晶。靠近电极连接末端处结晶量较多,方解石结晶最大厚度约 2.5mm,在电极顶部位置方解石结晶最大厚度达 1mm。

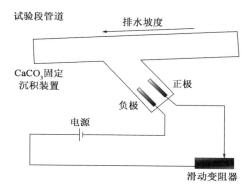

图 8-17 $CaCO_3$ 固定沉积装置布置方式 1

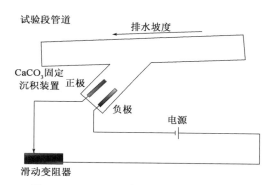

图 8-18 $CaCO_3$ 固定沉积装置布置方式 2

图 8-19 阴极碳棒结晶情况

试验结束后,将 $CaCO_3$ 固定沉积装置取下,并烘干称重,其各段管道结晶体质量,如表 8-5 所示。通过 $CaCO_3$ 固定沉积装置布置 2 的布置方式,将装置到排水管道上,并外加电压,能对含有 Ca^{2+} 和 HCO_3^- 的离子水中的离子有加快结晶沉积的作用。

CaCO₃ 固定沉积装置试验结晶质量　　　　表 8-5

观察口编号	1	2	3	4	5	6	7	阴极碳棒	CaCO₃固定沉积装置内
布置 CaCO₃ 固定沉积装置(g)	0.24	0.41	1.87	3.21	3.69	2.23	3.85	10.88	21.24
未布置 CaCO₃ 固定沉积装置(g)	3.01	2.56	1.99	2.29	4.67	2.57	3.92	—	—

由试验后的称重结果可知，$CaCO_3$ 固定沉积装置安装在某段排水管道上后，有一定的作用范围，在作用范围以内的管段中结晶体质量明显减少，但在作用范围以外的管段内结晶体质量减少效果会有所衰减。

5）试验小结

虽然试验效果较为明显，并且 $CaCO_3$ 固定沉积装置能够起到一定的固定沉积方解石的作用。对于电沉积装置而言，此次试验仅验证了该装置的可行性。如需进一步将 $CaCO_3$ 固定沉积装置应用到工程实践中，仍需考虑更多相关参数，并进一步通过试验验证，以对整体装置的参数设置进行优化。

(1) 电极的优化选择

除以上两组试验外，为研究装置在更长时间对 $CaCO_3$ 的固定沉积能力，又开展了为期 48h 的 $CaCO_3$ 固定沉积装置试验研究。但是，由于碳棒电极长期在水中浸泡，并且为防止渗漏发生，电极与封闭管件间固定较紧，在试验过程中出现阳极碳棒电极脱落的情况，如图 8-20 所示。

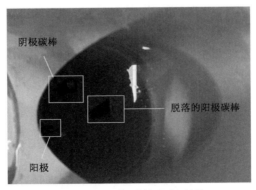

图 8-20　阳极碳棒电极脱落

故而，要想将其应用到工程实际中，需要考虑电极材料在 $CaCO_3$ 固定沉积装置中的使用寿命问题，避免发生电极脱落，造成隧道排水系统二次堵塞。同时，可以研究不同形状、不同尺寸电极对 $CaCO_3$ 固定沉积装置结晶速率的影响等。

(2) 电沉积装置析氢问题

设置 $CaCO_3$ 固定沉积装置,以固定水中钙离子和碳酸氢根离子。由于钙离子和碳酸氢根离子溶剂为水,就难免会出现电极析出氢气的情况。

《氢气使用安全技术规程》(GB 4962—2008) 中规定:氢气在空气中爆炸的体积分数为 4% ~75%。因此,需要控制氢气在排水系统中积累量,其可以通过提高氢的析出电位,或降低 $CaCO_3$ 析出电位的方式进行控制,可通过下列具体方式提高氢的析出电位:可使用电催化活性较低的电极、使用表面较为光滑的电极、加入络合剂、降低电流密度、升高电位等。

(3) 工程实际中装置布置间距

从上述试验中可知,$CaCO_3$ 固定沉积装置有一个较为明显的作用范围,在作用范围内减少排水管内结晶效果明显。而随着管段与装置距离增大,溶液中离子浓度会增大,管道内结晶量增多,装置作用效果会出现一定的衰减。因此,要真正地将 $CaCO_3$ 固定沉积装置应用到实际工程中,需要对装置作用范围进一步进行试验确定,以明确 $CaCO_3$ 固定沉积装置在实际隧道排水系统中的布置间距。

(4) 实际地下水离子浓度

由第 2 章中水样鉴定结果可知,实际隧道工程的排水系统每个区段地下水中离子浓度存在差异,并且,实际隧道排水系统中地下水离子虽然主要以钙离子和碳酸氢根离子为主,但仍会含有其他不同种类离子。因此需要确定 $CaCO_3$ 固定沉积装置在不同离子浓度和多种离子共存下的各项参数,以达到更好的 $CaCO_3$ 固定效果,同时减小装置的析氢量。

(5) 沉积管参数

本次试验采用的是市场上常见的 PVC 斜三通连接管件。对沉积管的一些规格参数等可进行进一步的优化选择,例如沉积管的尺寸、形状、材料、与排水管道间连接角度等。对装置中沉积管的几何参数进行确定,可加快装置内溶液与管道内溶液的离子交换,能够更加快捷有效地固定结晶离子;同时,也可确定装置对 $CaCO_3$ 的容纳能力,进一步为确定 $CaCO_3$ 固定沉积装置完成布置后的清理维护周期提供参考。

8.2.3　电化学除晶材料及电极优选试验研究

从"诱导结晶"角度出发,基于电化学原理进行除晶试验,课题组前期研究结果已验证电化学除晶法的可行性,但未进行不同除晶最佳参数、极板循环利用方式、安全性等方面的探究,为此,利用室内模型试验装置进行除晶试验,进一步研究电化学除晶法。

1)电化学除晶原理

目前的研究表明,电化学除晶原理主要有两种机制,一种是物理机制,从热力学原理来看,水分子倾向于低能量的稳定状态,缔合形式多表现为首尾相连,呈链状。当对水施加一定的电场时,水分子的偶极距增加,改变其原有缔合形式,形成独特的正负电荷中心,产生强烈的趋壁倾向,更快地阻止其他物质与管壁的结合。另一种是被称为电解的电化学原理,利用电解在阴极上形成的碱性区域,提供钙离子沉淀所需的离子,使结晶体沉积在阴极表面,降低结晶体在管道中的沉积,从而达到除晶的目的,如图8-21所示。

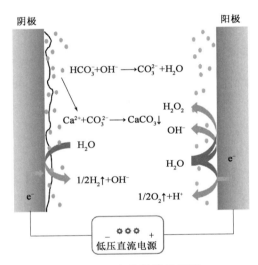

图 8-21 电化学除晶原理

阴极表面会产生大量的 OH^-,主要由两个反应产生:

$$2H_2O + O_2 + 4e^- \longrightarrow 4OH^- \tag{8-4}$$

$$2H_2O + 2e^- \longrightarrow H_2 + 2OH^- \tag{8-5}$$

OH^- 在阴极表面形成一层碱性区域,溶液中的 HCO_3^- 与 OH^- 反应生成 CO_3^{2-}:

$$HCO_3^- + OH^- \longrightarrow CO_3^{2-} + H_2O \tag{8-6}$$

CO_3^{2-} 与临界过饱和 Ca^{2+} 反应,生成 $CaCO_3$ 沉淀。$CaCO_3$ 吸附沉积于阴极表面:

$$CO_3^{2-} + Ca^{2+} \longrightarrow CaCO_3 \tag{8-7}$$

在阳极附近水电离产生的 OH^- 会发生氧化反应:

$$4OH^- - 4e^- \longrightarrow 2H_2O + O_2 \tag{8-8}$$

2)电化学除晶试验

开展四类试验,分别为:

①阴极材料(碳棒、铁片、铜片、锌片)对除晶效果影响程度试验;

②电极电压(6V、8V、10V、12V、14V)对除晶效果影响程度试验;

③电极间距(2cm、4cm、6cm、8cm)对除晶效果影响程度试验;

④电极布置形式(平行布置、环形布置)对除晶效果影响程度试验。

(1)试验方法

试验溶液用 $NaHCO_3$(分析纯)和 $CaCl_2$(分析纯)以摩尔比 2∶1 在无离子水中配制。溶液循环流速为 0.6m/s,溶液温度为 25℃。

试验结束后,取出用于试验的阴极板,在 60℃的恒温干燥箱中烘干,用差值法称量阴极板冷却后的增重,以确定阴极晶体的质量。

(2)试验材料及仪器

试验所需材料、仪器分别如表 8-6、表 8-7 所示。

试验所需材料　　　　　　　　　　　　　　　　表 8-6

材料名称	规格	用途
无水氯化钙	分析纯	试验试剂
碳酸氢钠	分析纯	试验试剂
碳棒	$\phi 12 \times 57mm$	阴极材料
铜片	6cm×3.5cm×0.15cm	阴极材料
铁片	6cm×3.5cm×0.15cm	阴极材料
锌片	6cm×3.5cm×0.15cm	阴极材料

试验所需仪器　　　　　　　　　　　　　　　　表 8-7

仪器名称	规格型号	用途
直流稳压电源	J1202 学生电源	提供低压直流电源
电导率仪	DDS-11	反应溶液离子浓度变化
pH 计	pH-10	测量溶液酸碱度
电热鼓风干燥箱	101-3AB	烘干结晶体
电子天平	精度 0.01g	称量结晶体质量
变频水泵	P1-6000	维持溶液循环

(3)试验装置

利用导线将滑动变阻器、电源和电极连接成一个回路,除晶装置如图 8-22 所示。其中电极与沉积池之间利用电极固定板固定,如图 8-23 所示。

 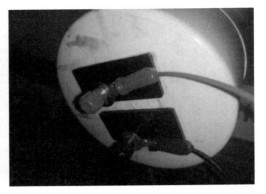

图 8-22　除晶装置　　　　　图 8-23　电极连接方式

3）除晶效果评价指标

试验选用阴极板除晶率和阴极板平均面积除晶量作为除晶效果的评价指标。

(1) 阴极板除晶率(P)

阴极板除晶率(P)按式(8-9)计算：

$$P = \frac{m_1}{m_1 + m_2 + m_3} \times 100\% \tag{8-9}$$

式中：m_1——阴极板结晶量(g)；

m_2——沉积池结晶量(g)；

m_3——各试验管段总结晶量(g)。

(2) 阴极板平均面积除晶量($\bar{m}$)

阴极板平均面积除晶量($\bar{m}$)按式(8-10)计算：

$$\bar{m} = \frac{m_1}{A} \tag{8-10}$$

式中：A——阴极板表面积(cm^2)。

4）电化学除晶单因素试验

试验所用方法为单因素试验法，分析各种因素对试验装置除晶性能的影响。试验开始前，将配制好的试验溶液分别加入装置中。利用变频水泵将整体溶液循环起来，溶液循环方式和前述试验方法相同。整个试验时间为24h。试验结束后，测定阴极及沉积池内结晶体质量，计算除晶率。

(1) 不同电极材料

研究表明，在电化学应用于电渗领域中，电极材料是影响电渗能耗和效果的关键因素之一。Burton 等人发现,不同的电极材料引起不同的电极反应,导致不同的阳极电位损失、离子形成和水转移过程。已有文献对石墨、铁、铜和锌等常见电极材料是否适用于排水管道除晶还存在疑问。

①阴极-阳极材料相同

为了研究阴极材料和阳极材料对除晶效果的影响程度,分别采用石墨、铁、铜和锌作为电极材料,首先阴极和阳极均采用相同的材料,在四组不同的阴阳极组合下进行了除晶试验,分别记为 A1、A2、A3 和 A4,如表 8-8 所示。

试验电极参数 表 8-8

试验编号	阴极	阳极	电极电压(V)	电极间距(cm)
A1	碳棒	碳棒	10	6
A2	铁片	铁片	10	6
A3	铜片	铜片	10	6
A4	锌片	锌片	10	6

试验结果发现,除 A1 试验组外,另外三组试验中均发现在阳极出现较为严重的溶解脱落现象,如图 8-24 所示。

a)试验前　　　　　　b)试验中溶解

图 8-24　阳极溶解现象(以铜片为例)

因为铁片、铜片、锌片的阳极反应分别为:

铁电极:$Fe \longrightarrow Fe^{2+} + 2e^-$ 或 $Fe \longrightarrow Fe^{3+} + 3e^-$

铜电极:$Cu \longrightarrow Cu^{2+} + 2e^-$

锌电极:$Zn \longrightarrow Zn^{2+} + 2e^-$

铁电极、铜电极、锌电极阳极反应分别生成 Fe^{2+}/Fe^{3+}、Cu^{2+} 和 Zn^{2+},可以看出阳极的铁、铜和锌本身参与了反应,这不仅形成试验过程中阳极逐渐溶解的现象,还造成除晶试验误差。故下一步试验均采用碳棒作为阳极材料。

②阴极-阳极材料不同

阳极材料均为石墨,阴极材料分别为石墨、铁、铜和锌,四组阴阳极分别记为 B1、B2、B3 和 B4,如表 8-9 所示。其他条件及试验方法和①相同。

试验电极参数　　　　　　　　　　　　　　　表 8-9

试验编号	阴极	阳极	阴极材料表面积(cm^2)
B1	碳棒	碳棒	23.75
B2	铁片	碳棒	42
B3	铜片	碳棒	42
B4	锌片	碳棒	42

试验结果明显,结晶现象如图 8-25 所示,可以看出当阴极为碳棒和锌片时,其结晶体呈蜂窝麻面状,较为疏松,且结晶量明显多于铁片和铜片;当阴极为铁片时,可以明显看出其结晶层较薄,量亦较少;当阴极为铜片时,其结晶层依然比较薄,量较多于铁片,呈薄片状。

a)碳棒　　　b)铁片　　　c)铜片　　　d)锌片

图 8-25　不同阴极材料下结晶现象

不同阴极结晶量如表 8-10 所示,将 P 和 $\bar{m}$ 绘制成图,如图 8-26 所示。由折线图 (P) 可以看出,阴极为锌片时,其 P 值最大,达 38.97%,最低是铁片,仅 13.95%。另外由柱状图 ($\bar{m}$) 可以看出,碳棒的平均面积除晶量最大,为 0.50g/cm^2;其次是锌片,为 0.48g/cm^2,和碳棒相差不大,但其除晶率比碳棒高出 12.6%,可见其除晶效果优于碳棒。

不同阴极结晶量　　　　　　表 8-10

试验编号	B1	B2	B3	B4
阴极板结晶量 m_1(g)	11.85	4.35	6.13	20.21
沉积池结晶量 m_2(g)	28.63	22.12	23.46	27.62
试验管段结晶总量(1~10 号)m_3(g)	4.46	4.71	4.65	4.03
阴极板除晶率 P(%)	26.37	13.95	17.90	38.97
阴极板平均面积除晶量 m(g/cm^2)	0.50	0.10	0.15	0.48

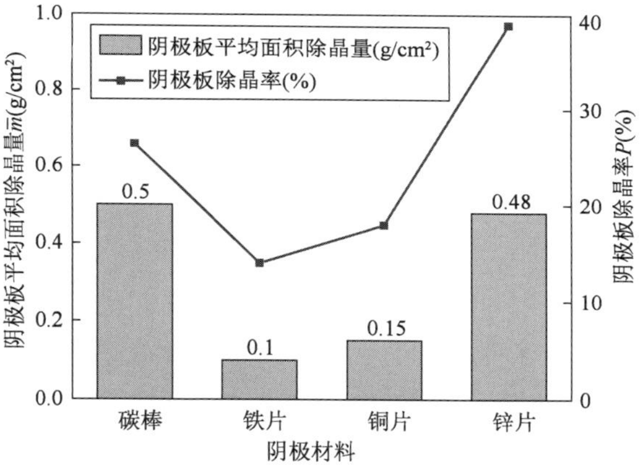

图 8-26　不同阴极下除晶量

上述差异是由不同金属材料表面析氢速率不同导致的,而析氢速率由金属材料的氢超电势和电催化活性决定。氢超电势(η)可由 Tafel 公式表示:

$$\eta = a + b\lg i \tag{8-11}$$

式中:η——氢超电势;

i——交换电流密度;

a、b——常数(V),a 表示 i 为 1A/cm^2 时的超电势,它的大小与电极材料、电流密度、电极表面状态、试验温度和溶液组成有关,η 的大小基本上由 a 值决定,且在给定电流密度下 a 越大,η 越大。大部分表面纯净的金属的斜率 b 值相近,室温下接近于 0.05V。

在电极材料对析氢催化能力的分类中,锌属于高超电势金属,而铜和铁均属中超电势金属,而高超电势金属的析氢催化活性较低,故其作阴极材料时可有效降低氢气析出速率和提高电流效率。且由火山效应曲线(图 8-27)可以看出,锌的析氢能力弱于铜和铁。由此可见,铜和铁作阴极材料时,其表面析出的大量 H_2 使得 Ca^{2+} 不易附着,且已附着的 $CaCO_3$ 沉淀亦会受到大量 H_2 的冲击而剥离表面。故而锌作阴极材料时,其除晶率优于铜和铁。故电化学除晶装置阴极材料应选择锌。

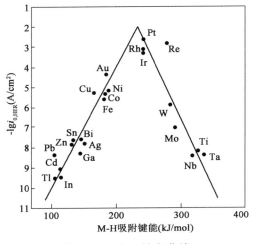

图 8-27 火山效应曲线

(2)不同电极电压

电流密度是电化学水处理研究中的一个重要指标,电流密度显著影响电解除晶试验效果,电流密度的变化是通过改变直流稳定电源的电压值来实现的。因此,在本试验中以电压作为参数条件,直接通过改变电压反映来电流密度对电化学解晶试验效果的影响。

本组试验设置五组电压值(6V、8V、10V、12V 和 14V),观察电压对结晶体去除率的影响,电极参数:阳极用碳棒,阴极用锌片,电极间距为 6cm。试验结果如表 8-11 所示,将 P 和 $\bar{m}$ 绘制为折线图,如图 8-28 所示。

不同电极电压下除晶量　　　　　　　　　　表 8-11

电压(V)	6	8	10	12	14
阴极板结晶量 m_1(g)	22.72	27.53	24.15	20.15	10.63
沉积池结晶量 m_2(g)	31.68	35.52	33.63	34.24	24.56
试验管段总结晶量 m_3(g)	4.23	3.96	4.56	4.82	4.87
阴极板除晶率 P(%)	38.75	41.08	38.74	34.03	26.54
阴极板平均面积除晶量 $\bar{m}$(g/cm²)	0.54	0.66	0.58	0.48	0.25

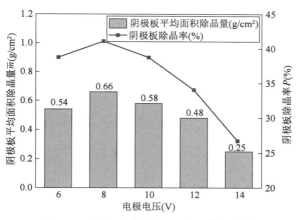

图 8-28　不同电极电压下结晶体去除率

由图 8-28 可以看出,电极电压增大,P 和 $\overline{m}$ 均呈先升后降趋势。电压从 6V 升至 8V,P 有明显的提高:电压为 6V,P 为 38.75%,电压升至 8V 时,P 升至 41.08%,提高 2.33%。这是因为电压增大,电解反应速率增加,促进 Ca^{2+} 向阴极迁移,阴极区的碱性随之增加,使得结晶离子快速沉积,除晶率逐渐增大。但此趋势并未一直保持,当电压超过 8V,P 呈下降态势,其主要原因是析氢反应。电压越高,析氢反应越剧烈,氢气上浮会造成阴极区水体剧烈扰动,干扰了结晶离子的传质过程,其迁移和沉积受到制约,结晶离子的去除能力开始下降。

电压较低,结晶体去除效果较差,除晶率较低;电压过高,加剧氢气产生,结晶离子的传质受影响,电能成本也相对提高。从除晶率、安全及能耗多方面考虑,电化学除晶装置电压应控制在 8V。

(3) 不同极板间距

本组试验设置四组电极间距,即 2cm、4cm、6cm 和 8cm(图 8-29),观察电极间距对结晶体去除率的影响,电极参数:阳极用碳棒,阴极用锌片,电极电压 8V。

图 8-29　不同极板间距设计

试验结果如表 8-12 所示,将 P 和 $\overline{m}$ 绘制为折线图,如图 8-30 所示。

不同极板间距下结晶量　　　　　表 8-12

极板间距(cm)	2	4	6	8
阴极板结晶量 $m_1(g)$	30.09	28.52	25.14	21.02
沉积池结晶量 $m_2(g)$	36.14	34.59	32.18	31.86
试验管段总结晶量 $m_3(g)$	4.20	4.55	4.76	4.69
阴极板除晶率 $P(\%)$	42.73	42.15	40.50	36.51
阴极板平均面积除晶量 $\overline{m}(g/cm^2)$	0.72	0.68	0.60	0.50

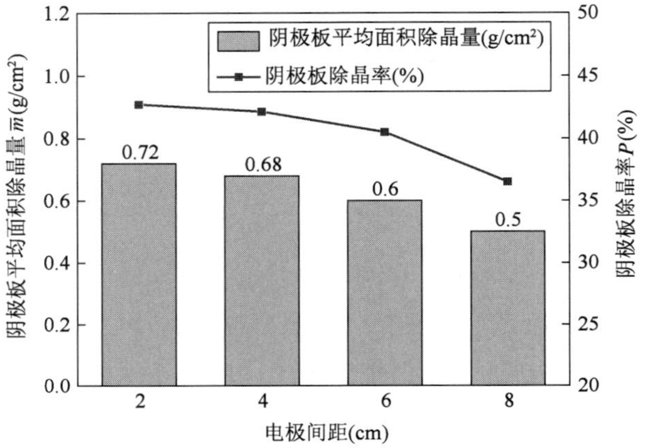

图 8-30　不同极板间距下结晶体去除率

由图 8-30 可知,除晶率与极板间距成反比,这是由于:极板间距的减小,使溶液中 HCO_3^-、Ca^{2+} 更易到达电极表面的碱性区域,即反应活性区域。而极板间距从 4cm 减小到 2cm 时除晶率增大的速度放缓,这是由于:极板间距过小会导致电流加大,能耗加大,水体的剧烈扰动使产生在极板的结晶层变薄,后期结晶不易在极板上形成。故在本试验中最佳极板间距可选择 2cm 或 4cm,但考虑到极板间距过小可能会导致短路,且后期操作不便,故本试验选择最佳极板间距为 4cm。

(4)布置形式优化

前述试验极板均为平行布置,现采用环形布置形式进行试验,以观察其除晶效果。电极参数:阳极用碳棒,阴极用锌片;电极电压为 8V;电极间距为 4cm。

其结晶效果如图 8-31 所示,可以看出极板内外壁结晶均较为明显,但内壁结晶量多于外壁,这是由于阳极设置于环中心,在电场作用下传向内壁的结晶离子多于外壁,故内壁结晶多于外壁。

a) 外壁   b) 内壁

图 8-31 阴极板环形布置结晶图

为更直观描述环形布置方式对于结晶效果的影响,利用极板间距为 4cm 时的结晶量与其对比,如表 8-13 所示。可以看出,环形布置极大提高了阴极板结晶量(m_1)和除晶率(P),分别为平行布置的 2.49 倍和 1.52 倍,分别提高 148.5% 和 51.9%。但由于内外壁结晶不平衡,导致阴极板平均面积除晶量($\bar{m}$)低于平行布置。由此可见,从总体除晶量来看,环形布置优于平行布置;从阴极板利用效率来说,平行布置优于环形布置。

不同阴极布置形式下结晶比较   表 8-13

布置方式	$A(cm^2)$	$m_1(g)$	$m_2(g)$	$m_3(g)$	$P(\%)$	$\bar{m}(g/cm^2)$
平行布置	42	28.52	34.59	4.55	42.15	0.68
环形布置	150.8	70.88	36.12	3.68	64.04	0.47

5) 阴极板结晶体剥离方法

随时间推移 $CaCO_3$ 沉淀会包围阴极表面,造成阴极的导电能力下降。因此,需要定期对 $CaCO_3$ 沉淀进行清理,避免导电能力持续下降直至为零,使得电化学反应不能持续进行,进而严重降低除晶效率。有研究表明,$CaCO_3$ 一般情况下表现为结构致密、排列整齐、质地坚硬的方解石型结晶,难以去除,而经电场作用后吸附于阴极板上的 $CaCO_3$ 呈疏松状的纹石型结晶,使其便于剥离且不易再吸附沉积于管壁。试验中,亦发现阴极板上的结晶体宏观形貌较为疏松(图 8-32),与未经电场作用的结晶体(图 8-33)有显著区别。可见,吸附沉积于阴极板的结晶体可采取相应措施使其剥离于极板表面,并通过水流冲走,采取三种清理方式:增压剥离、倒极剥离和机械刮除。

 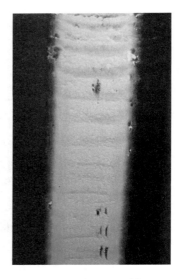

图 8-32　阴极板结晶　　　图 8-33　自然沉积结晶

(1)增压剥离

加大电极电压是指瞬间加大两极电压,增强阴极电极反应,使 H_2 析出速率陡增,可以对 $CaCO_3$ 沉淀进行一定程度的剥离。此原理基础是法拉第定律:

$$P = It \tag{8-12}$$

式中:P——通过电极的电量(C);

I——通过电极的电流(A);

t——电极反应持续时间(s)。

$$m = \frac{MP}{n\alpha} \tag{8-13}$$

式中:m——析出物质的质量(g);

M——物质的摩尔质量;

n——电极反应的电子转移数;

α——法拉第常数,取 96485C/mol。

由式(8-12)、式(8-13)可以看出,沉积在电极表面的晶体质量与电解时通过电极的电量、电流强度和电解时间成正比。因此,增加电解过程中的瞬时电流会增大通过阴极的电量,加速阴极表面的析氢反应,阴极表面的碳酸钙沉积物会因其产生的大量 H_2 而从表面剥落。可借助在结晶体与电极表面附着层交界面增大氢气释放量的方式,清除阴极表面结晶体。

（2）倒极剥离

所谓倒极,是指将原来的阳极颠倒为阴极,而将原来的阴极颠倒为阳极。通过改变两极的极性,达到剥离的目的。能够实现其剥离效果的原因有三点:

①阴极置换,使得原来的阴极材料倒换为阳极,发生氧化反应失去电子,附着在其表面的结晶体随之脱落。

②当阴极连接到电源的正极时,在其附近水电离出的 OH^- 会失去电子而形成 O_2。根据法拉第定律,在通过倒极的同时适度增加电流以增大附近的 O_2 释放量,以此提高剥离效率。

③当阴极置换为阳极时,因其水的电解会导致 H^+ 在电极附近增加,酸性增强。电极表面的结晶状态被破坏,再加上持续的气浮,导致结晶层的分解和清除。

（3）机械刮除

将阴极板取出,利用刮刀或者高压水射流进行清理。

6）安全性及效益分析

（1）安全性分析

根据《氢气使用安全技术规程》（GB 4962—2008）规定: H_2 在空气中发生爆炸的体积分数为 4%~75%,故需要验证除晶过程产生的 H_2 含量在隧道中是否处于安全值内。

由于 $CaCO_3$ 沉淀逐渐附着于阴极板,导致其电流逐渐减小,未保持恒定,故电极上析出 H_2 和 O_2 的量可用下式计算:

阴极产生 H_2 的量:

$$m_{H_2} = \frac{1}{96485}\int I dt \tag{8-14}$$

阳极产生 O_2 的量:

$$m_{O_2} = \frac{8}{96485}\int I dt \tag{8-15}$$

在整个电化学除晶试验中,因其电流未能保持恒定,可以看出,若想求出上述积分式非常困难。故取电流最大值（I_{max}）进行含量保守估算,I_{max} 出现在溶液中带电离子浓度最高时,即试验开始时。因前文采用优选后的参数进行试验,故由万用表测出其 I_{max} 为 0.89A,试验时长为 24h,由式（8-14）、式（8-15）可得 m_{H_2}、m_{O_2} 分别为 0.80g、6.38g。常温常压下气体摩尔体积为 24.5L/mol,则析出 H_2 和 O_2 的体积分别为 9.76L 和 4.88L。取洞径为 5m 隧道进行计算,根据前文处治时机建议,将除晶装置设置于环管和纵管连接处,根据《公路隧道设计规范 第一册 土建工程》（JTG 3370.1—2018）,环向盲管设置间距不宜大于10m,考虑水量较大的地段需要加密,取间距5m计算。除晶装置在隧道左右侧对称布置,则该隧道段H_2体积分数约为0.005%,该值是在电流保持最大值的假设条件下保守得出的,且未考虑实际工程中的通风条件,可见真实值远不能达到H_2在空气中发生爆炸的体积分数(4%~75%)。

故于安全性而言,电化学除晶法安全可靠。

(2)环境效益

利用电化学技术对隧道排水管道进行除晶处理,无需注入任何化学药剂,不污染地下水和空气环境,且该方法可以主动除去进入排水管的结晶离子,从根本上解决了隧道排水系统中的结晶致塞问题。电化学除晶法在整个除晶过程中对环境均为零污染,属于环境友好型工艺。其环境效益可体现在以下三个方面:

①助力碳达峰碳中和目标愿景。《"十四五"建筑节能与绿色建筑发展规划》提出我国二氧化碳排放力争于2030年前达到峰值,努力争取2060年前实现碳中和,并明确了减少城乡建设领域降低碳排放的任务要求。地球碳库主要分为岩石圈碳库、海洋碳库、陆地生态系统碳库和大气碳库四类。岩石圈是自然界最大的碳库,碳主要以碳酸盐的形式储存,而我国西南地区分布大片连续的碳酸盐岩,碳酸盐风化形成的CO_3^{2-}、HCO_3^-进入地下水,导致地下水体溶解性碳酸盐(DIC)含量相对较高,处于CO_2过饱和状态,水气界面存在式(8-16)的平衡过程,当其出露地表受到外界扰动之后,极易向大气释放,成为CO_2源。在隧道施工及运营期,隧道内扰动因素多,尤其是温度的升高加剧了CO_2的逸出。而电化学除晶法能将CO_3^{2-}固定于$CaCO_3$沉淀中,使式(8-16)平衡过程左移,CO_2逸出减少,表现出电化学除晶法"碳汇"功能,一定程度助力碳达峰碳中和目标愿景。

$$H^+ + CO_3^{2-} \leftrightarrow H^+ + HCO_3^- \leftrightarrow H_2CO_3 \leftrightarrow CO_2 \tag{8-16}$$

②氢气回收与利用。由前文分析可知,阴极产生的H_2处于容许值范围,而H_2作为高效清洁能源,无毒,且燃烧性能好,其单位质量产生热值为汽油的3倍,氢气燃烧产物只有水,无CO_2和污染物释放,利用形式多样。若任其随意释放实属浪费,可将H_2进行有效收集并统一利用,如转化为隧道电力供应、除晶装置的电能供应等。但实际工程中,存在收集、运输等诸多困难,本书仅提供一种可能性。

③改善隧道空气质量。对于长隧道及通风条件差的隧道,洞内空气质量相对较差,而《公路隧道施工技术规范》(JTG/T 3360—2020)中规定空气中的O_2含量应大于19.5%。电化学除晶法阳极产生的O_2弥漫至隧道中,可有效改善隧道中空气质量。

(3) 经济效益

治理隧道排水系统结晶致塞采用的传统手段有机械人疏通、钻孔泄水、破除路面新设横管等,这造成高昂的人工和机械成本。另外,因修复排水管堵塞导致的隧道衬砌开裂、渗漏水等病害所产生的经济损失亦不可小觑。而电化学除晶法所需成本仅为低压电源损耗的电能和定期清理的人工成本,且电极材料可多次循环使用,其带来的成本占比不大。综合比较,电化学除晶法可避免排水管道结晶致塞,可降低排水管疏通成本和衬砌修复成本。

7) 应用建议

由电化学除晶试验结果分析可知,电化学除晶试验效果显著,但这仍处于试验阶段,对于实际工程应用需要进一步验证。现对其工程应用提出以下建议:

(1) 设置中央排水沟的隧道。针对运营隧道,可考虑破除路面,从检查井进入中央排水沟,将电化学除晶装置设置于沉砂池内,既充分利用沉砂池功能,又改善中央排水沟结晶致塞的现状。但其施工困难,后期清理较为烦琐,且无法避免纵向盲管和横向盲管结晶致塞的弊端,故在运营隧道中的应用需慎重。针对拟建或在建隧道,可将除晶装置布置于环-纵管接头处,但需提前设计除晶装置检查井,中央排水沟沉砂池位置在施工时提前布置,如图 8-34 所示。

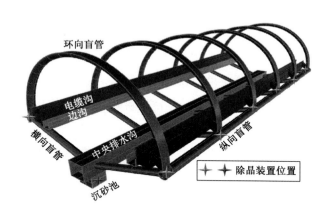

图 8-34 设置中央排水沟的隧道除晶位置

(2) 不设中央排水沟的隧道。对于运营隧道,此时在路侧边沟沉砂池内设置除晶装置,不需要破除路面和衬砌结构,便可打开盖板直接进行处治。针对拟建或在建隧道,根据前文处治时机建议,将除晶装置设置于环-纵管接头处,此时需提前设计除晶检查井,侧沟沉砂池位置亦同时提前布置,如图 8-35 所示。

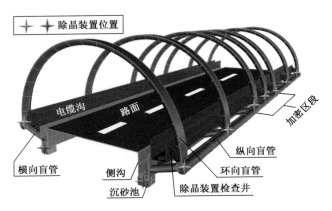

图 8-35　不设中央排水沟的隧道除晶位置

8.3　本章小结

（1）利用超声波进行除晶，设计除晶装置，采用 35kHz、40kHz、50kHz、60kHz 等不同频率分析除晶效果，通过安装结晶监测系统实时录像、拍照等方式监测破除效果。

（2）试验结果可知：当采用 35k~50kHz 的超声频率时，除晶效果与频率成正比，即随着除晶频率的增大，堵塞结晶物减少；当采用 50k~60kHz 的超声频率时，除晶效果变化不明显。

（3）根据试验结果优化除晶装置，分别在每节横向排水管中点处安装除晶装置配套监测系统，实时采集结晶，以利于隧道运营安全维护。

（4）在隧道排水系统内结晶机理尚不十分明确的情况下，提出将溶液中钙离子和碳酸氢根离子固定到一个便于日常清理位置的方法，以解决隧道排水系统结晶问题。

（5）以电沉积法原理为基础，设计并试验了 $CaCO_3$ 固定沉积装置，验证了装置的可行性。并且根据试验结果，发现 $CaCO_3$ 固定沉积装置在排水系统内布置时，有一定的有效区域，在有效区域之外的管道，其对 $CaCO_3$ 固定沉积作用有一定程度的衰减。

（6）根据电沉积法理论，并结合实际试验中所出现的问题，讨论了要进一步将装置布置到实际隧道排水系统内，所需研究确定的相关参数。

（7）当阳极选用铁片、铜片和锌片时，阳极出现了较为严重的溶解脱落现象；阴极用碳棒和锌片时，其结晶体呈蜂窝麻面状，且结晶量明显多于铁片和铜片。利用阴极板除晶率和阴极板平均面积除晶量对不同的阴极材料除晶效果进行评价，得出电化学除晶装置阴极材料应选择锌。

（8）电压较低，结晶体去除效果较差，除晶率较低；电压过高，结晶离子的去除速率受到影响，加剧氢气的产生，电能成本也相对增加。电化学除晶装置电压应控制在 8V。除晶率与极板间距呈负相关，同时考虑除晶效果和经济性原则，选择最佳极板间距为 4cm。

（9）电极板环形布置于沉积池内可充分利用沉积池空间，从阴极板结晶量 m_1 和除晶率 P 来评价，相比平行布置的分别提高 148.5% 和 51.9%，环形布置优于平行布置；从阴极板利用效率来说，平行布置优于环形布置。

（10）阴极板可循环利用，提出采取三种阴极板结晶体清理方式：增压剥离、倒极剥离和机械刮除。

（11）电化学除晶法安全可靠，环境效益、经济效益显著，综合分析得出该除晶法性价比较高。

CHAPTER NINE 第9章

结论与展望

9.1 入管溶液温度及流速对结晶的影响研究主要结论

针对白云岩隧道排水系统内流体富含结晶离子,进而导致排水管道结晶致塞问题,采用调研、试验和理论相结合的方法,研究了入管溶液流速及温度对白云岩隧道排水管道结晶形成的影响和除晶方法,为白云岩隧道排水管道结晶治理提供理论和技术支撑。研究结果表明:

(1)通过实际工程调研,发现所调研隧道排水管内流体温度集中于 4~23℃,流速集中于 0.1~1.2m/s,且结晶体宏观形貌多呈乳白色,表面较为光滑,少量因夹杂泥沙等碎屑略显暗黄、粗糙,主要分布在排水盲管内、初期支护表面和二次衬砌排水口,经 SEM、XRD 试验得出,结晶体微观形貌存在细针状、短棒状、立方状、堆积状、绒球状等,其组分 90% 以上均为 $CaCO_3$。

(2)排水管结晶量与溶液温度呈正相关,当试验溶液温度低至 5℃时,结晶现象不明显,结晶量甚微。溶液温度对结晶体的晶体结构、晶型和晶貌影响显著,温度升高,碳酸钙结晶体粒径增大,长径比减小,粒子形貌由针状变为短棒状和立方状,再过渡到圆球状。对于实际工程而言,排水管内流体受地热、衬砌水化热和隧洞内气温的影响,从降低管内流体温度角度出发,提出三个防治建议:选用水化热较低的水泥、改善隧道通风、在盲管和二次衬砌间设置隔热层。

(3)排水管结晶量与溶液流速呈负相关,其影响主要表现在排水管壁上"生长"和"剥离"这两种作用机制在结晶体形成过程中的竞争关系。流速增大可提高结晶反应速率;但另一方面,流速增大的同时所引起的壁面剪切力越大,寻致剥蚀率的增大更为显著,故造成结晶体总增长量减小。从增大流体流速角度出发,对排水管道布置设计、管道选型等提出防治建议。

(4)基于流速及温度对结晶的形成影响试验研究发现,横管处最易结晶,纵管次之,环管最难结晶,建议:调整横管坡度、增大管径以匹配涌水量、优先选择不设中央排水沟型排水系统。并提出结晶防治时机建议:进入环管前,调整衬砌混凝土配合比,降低地下水对衬砌的溶蚀,减少衬砌中结晶离子的溶出;进入纵管前,采取相应措施"诱导"结晶离子主动结晶,并集中沉积,集中清理;进入纵管后,采取相应措施,阻止结晶粒子吸附并沉积于排水管壁,进而避免管道堵塞。

(5)基于灰色关联度分析方法,分析得出温度和流速对结晶形成的影响都比较大,且温度对结晶的影响比流速更加显著。由此可推断,春夏季隧道排水管道的结晶速率大于秋冬季,应着重在春夏季关注隧道排水系统的除晶保畅问题。地下涌水受季节等因素制约,呈周期性变化,排水受此"干湿循环"影响,会加剧结晶,建议在实际工程中,应秉持"排堵结合,按需排水"理念,对此提出优化措施。

（6）基于电化学原理设计的除晶装置除晶效果较佳,主要表现如下:

①当阳极选用铁片、铜片和锌片时,阳极出现了较为严重的溶解脱落现象;阳极选用碳棒,可以看出当阴极为碳棒和锌片时,其结晶体呈蜂窝麻面状,且结晶量明显多于铁片和铜片。利用阴极除晶率和阴极板平均面积除晶量对不同的阴极材料除晶效果进行评价,建议阴极材料选择锌为宜。

②电压较低,结晶体去除效果较差,除晶率较低;电压过高,加剧氢气产生,结晶离子的去除率受到影响。建议电极电压应控制在 8V。除晶率与极板间距呈负相关,同时考虑除晶效果和经济性原则,建议极板间距取 4cm 较佳。

③阴极板建议采用环形布置,以利于充分利用沉积池空间和阴极板面积。从阴极板结晶量和除晶率评价,环形布置相比平行布置分别提高 148.5% 和 51.9%,环形布置优于平行布置;从阴极板利用效率来说,平行布置优于环形布置。

④阴极板表面结晶体通过增压剥离、倒极剥离和机械刮除方式进行清除后,阴极板可循环使用。电化学除晶法安全可靠,环境和经济效益显著。

9.2 管材及管道连接形式对结晶的影响研究主要结论

通过对实际隧道工程中的结晶体样品取样鉴定,分析了隧道排水系统的结晶机理,探明了结晶体的物质组成;通过室内模型试验研究,探明了管道连接形式和管材对结晶的影响;设计并验证了一套结晶沉积装置,并讨论了需优化的参数。

（1）岩溶隧道排水系统中结晶体物质主要成分为方解石,并会伴有白云石、水镁石和少量钙矾石沉淀结晶。其中,针状钙矾石对方解石有一定吸附作用,会加剧方解石在排水系统内的沉积。

（2）当白云化结晶发生于隧道排水系统时,会对隧道周边围岩产生影响。故在隧道修建勘测之初,即需探明围岩中是否含有白云石,在通过含有白云石段进行隧道衬砌施工时,应减少使用会使地下水 pH 值升高的材料,以达到减少结晶的目的。对于实际工程中具体隧道排水系统可能存在多种结晶堵塞耦合作用机理或单一机理。所以,对具体隧道排水系统结晶问题进行治理时,需分析其具体结晶机理和结晶形态,以便"对症下药"。

(3)在结晶物质来源充足的情况下,方解石结晶体最初会在隧道排水管道内所有液面以下形成,但最终致使隧道排水系统发生严重堵塞的关键,在于隧道排水系统内的逆坡排水管段和管端间交叉处的形式。在设计布置隧道排水系统时,尽量避免逆坡排水的情况和管道交叉过于复杂的情况。针对上述存在问题和目前所使用的设计,对于易发生排水系统结晶的隧道,提出两种管道布置优化建议。

(4)对于排水管材对隧道排水系统结晶的影响,不同材料管道中结晶量由多至少排列如下:PVC、半壁波纹管、HDPE、PPR。结晶体形成受排水条件影响较小,而结晶体的堆积、固结受排水条件影响较大。对于目前实际工程中,PVC材质的三通管道连接管件为结晶堵塞的高发处。建议在实际工程中,对普遍采用PVC材质的管件进行更换。

(5)根据各组试验现象,并与实地工程中排水系统中产生的结晶体的现象对比发现,隧道排水系统内发生结晶致塞共经历三个过程:方解石结晶、方解石脱落、方解石固结。在此结晶致塞过程中,处治结晶体的最佳时机为方解石脱落阶段。工程中可通过调整隧道排水系统结构,让管道内水流始终处于一个较快的流速,即使将产生的结晶体排出隧道排水系统,不让其在内部发生进一步的沉积和固结。

(6)在具体隧道排水系统内结晶机理不明确的情况下,通过将溶液中钙离子和碳酸氢根离子固定到一个便于日常清理位置,利用电沉积法原理,设计并试验了$CaCO_3$固定沉积装置,验证了该装置的可行性。根据试验结果,发现$CaCO_3$固定沉积装置在排水系统内设置时,有一定的有效区域,在有效区域之外的管道,其对$CaCO_3$固定沉积作用有一定衰减,影响隧道排水系统结晶效率。但要将该装置布置到实际隧道排水系统内,需确定更多的相关参数。

9.3 混合溶液结晶研究主要结论

影响隧道排水系统结晶致塞因素较多,而且不易掌握,本书主要通过理论结合试验的方法,开展白云岩隧道排水系统混合溶液结晶机理及结晶体性质研究,研究内容涉及管内结晶体成分组成、结晶致塞机理、结晶体性质、结晶堵塞分级、结晶体破除对策等方面的分析与探讨,得到的主要结论如下:

(1)经水质检验及地质调查可知,流经白云岩隧道排水管中的水属于复杂水溶液,水样中含有Ca^{2+}、Mg^{2+}、Na^+、Al^{3+}、Cu^{2+}等阳离子及CO_3^{2-}、HCO_3^-、SO_4^{2-}、Cl^-、OH^-、Cl^-

等阴离子,其结晶过程是一个复杂的混合溶液化学反应过程,形成的结晶体主要有$CaCO_3$、$Mg(OH)_2$、$Al(OH)_3$等。

(2)经结晶体物相及微观组构分析,发现结晶体中含有 Cl、O、S、K、Ca、Mg、Al、Na 等多种元素,管道致塞物有 $Mg(OH)_2$、$CaCO_3$、$Al(OH)_3$ 等晶体;镁整体呈白色薄块状、颗粒状,由多粒堆积成形,结构紧密完整,其晶体水镁石 $Mg(OH)_2$ 呈亮白色,主要有丝状、粒状等;钙元素呈粗大块状、白色粗颗粒状、丝状,结构松散,分布较广,其晶体方解石 $CaCO_3$ 呈白色,有针状、细粒状、块状等;铝整体呈亮白色、细块状,含量较少,和钙共同形成钙矾石 $CaAl_2(SO_4)_3(OH)_2 \cdot 26H_2O$ 晶体,也有部分乳白色 $Al(OH)_3$ 晶体,结构松弛,晶体呈聚集状。

(3)经过对管道结晶致塞机理的研究,发现结晶体形成过程比较复杂,溶液中析出晶体需经过晶核形成→晶核生长→晶核聚并或破碎→晶体等过程;微生物衍生大量繁殖、植物呼吸及光合作用、地质构造特征、气温变化等导致管道堵塞,但 Ca^{2+}、Mg^{2+}、Al^{3+} 等离子与 CO_3^{2-}、HCO_3^-、SO_4^{2-}、OH^- 等离子之间的相互反应形成沉淀结晶也是致塞因素。Ca^{2+}、Mg^{2+}、Al^+ 等离子致塞机理,即混合溶液结晶致塞机理。这些离子形成的结晶主要成分为 $CaCO_3$、$Mg(OH)_2$、$Al(OH)_3$ 等;管道堵塞结晶机理可分为生物结晶、物理结晶、化学结晶、人为结晶等,机理之间相互影响。

(4)经室内模型试验模拟管道结晶堵塞发现,管道结晶堵塞主要发生在纵管、横管中,靠近横管部位的纵管结晶量和横管结晶量较多,环管结晶量很少,几乎可忽略不计;每延米纵管、横管、环管堵塞系数分别为 α、γ、β,且 $\alpha = 0.271$、$\gamma = 0.728$、$\beta = 0.002$,存在 $\beta < \alpha < \gamma$,表明结晶堵塞对横管影响较大,每延米横管结晶量较大、堵塞程度较高、危害性较强;由于 $\beta \to 0$,表明结晶堵塞对环管影响较轻,每延米环管结晶量较小、堵塞程度较低、危害性较弱,而纵管结晶堵塞程度则介于横管与环管之间。

(5)经结晶生长规律分析发现,离子耦合浓度对结晶生长有较大影响,并且整体上是促进结晶,最大区别就是形成结晶稳定区的离子浓度范围不同;管道结晶与离子耦合浓度有关,Cl^--K^+-Na^+ 离子耦合浓度变化时,结晶生长规律表现为先快后慢,结晶增长率由 $K > 0$ 向 $K \approx 0$ 转变,进而推知离子相互耦合反应时,其结晶过程存在先协同后抑制现象;管道结晶还与 CO_3^{2-}-SO_4^{2-}-Ca^{2+}-Mg^{2+}-Al^{3+} 离子耦合浓度呈正相关,浓度越大,结晶越多,其结晶生长规律也表现为先快后慢,且在部分区域出现峰值或者稳定区。

(6)根据前期模型试验,构建隧道排水管结晶堵塞分级模型,推导结晶分级理论,定量分析围岩压力 σ、堵塞高度 H、分级系数 l 等指标,初步建议将管道结晶堵塞分为四个级别：完全堵塞、重度堵塞、中度堵塞、轻度堵塞。当管道处于完全堵塞时，$0.32 \leqslant l < 0.36$、$262.12\text{kPa} < \sigma \leqslant 309.65\text{kPa}$、$0.6D < H \leqslant D$；当管道处于重度堵塞时，$0.36 \leqslant l < 0.39$、$242.01\text{kPa} < \sigma \leqslant 262.12\text{kPa}$、$0.45D < H \leqslant 0.6D$；当管道处于中度堵塞时，$0.39 \leqslant l < 0.67$、$148.02\text{kPa} < \sigma \leqslant 242.01\text{kPa}$、$0.25D < H \leqslant 0.45D$；当管道处于轻度堵塞时，$l \geqslant 0.67$、$0 < \sigma \leqslant 148.02\text{kPa}$、$0 < H \leqslant 0.25D$。

（7）基于超声波空化振动原理，开展室内超声波结晶体破除试验，结合结晶智能监测系统，对结晶效果进行实时观测，分析表明：超声波对于破除结晶具有明显效果，且结晶体管壁附着量随频率增大而减小，当振动频率约为 50kHz 时，管壁结晶量几乎趋近为0，结晶累计量变化较小；当频率小于 50kHz 时，除晶效果随频率增大而显著，当频率大于 50kHz 时，除晶效果变化不明显，故建议将 50kHz 作为超声波除晶频率。

9.4 创新点

（1）基于流经隧道排水管流体温度对结晶影响试验发现，结晶量与温度呈正相关，且对结晶体粒径、晶型、晶貌均有显著影响；建议：选用水化热较低的水泥，在盲管与二次衬砌间设置隔热层及改善隧道通风以带走隧道内余热。

（2）基于流经隧道排水管流体温度及流速对结晶影响试验，发现横管处最易结晶、纵管次之、环管最难结晶，建议：调整横管坡度、增大管径以匹配涌水量、优先选择不设中央排水沟型排水系统。并提出结晶防治时机建议。

（3）基于隧道排水管"干湿循环"结晶试验，发现高频度的"干湿循环"会加速排水管道结晶体生长，建议：秉持"排堵结合，按需排水"理念，以预防排水管道因频繁"干湿循环"而加速结晶。

（4）基于铁片、铜片、锌片及碳棒的电化学除晶试验，发现除晶装置阴极宜选用锌片，阳极宜选用碳棒，建议：采用 8V 的电极电压、4cm 的电极间距及环形布置的电极是较合理的除晶组合。

（5）基于白云岩隧道排水管道混合溶液结晶室内模型试验，发现排水系统中横管及其附近的纵管结晶快，而环管结晶较前二者慢；同等条件下各管道每延米结晶量由多到少依次为：横管、纵管、环管。

（6）基于混合溶液多离子耦合结晶试验，发现 $Cl^- $-$K^+$-$Na^+$ 离子耦合浓度会对结晶产生影响，管道结晶还与 CO_3^{2-}-SO_4^{2-}-Ca^{2+}-Mg^{2+}-Al^{3+} 离子耦合浓度呈正相关，浓度越大,结晶越多,晶体生长规律表现为先快后慢。

（7）以管道结晶堵塞高度 H、围岩压力 σ、分级系数 l 等为自变量,构建了隧道排水管道堵塞分级模型,并计算了堵塞定量指标,据此初步提出将排水管结晶堵塞分为 4 个等级,即完全堵塞、重度堵塞、中度堵塞、轻度堵塞。

（8）基于超声波物理除晶试验,发现当超声波频率为 35～50kHz 时,除晶效果随频率增大较显著;当超声波频率为 50～60kHz 时,除晶率随频率增大不明显,建议将 50kHz 作为超声波除晶频率。

9.5　不足及展望

隧道排水系统结晶致塞问题是一个复杂的系统工程,涉及室内模型试验的因素较多,该问题的研究还可以不断深入,本书中还存在一些不足需要进一步探索：

（1）试验未能实时监测排水管道结晶体质量的变化情况,而掌握排水管道结晶量实时变化情况是准确分析结晶机理的重要基础,后续研究应考虑并解决这一问题。

（2）电化学除晶装置目前仍处于室内试验阶段,若将其应用于实际工程结晶防治中,须开展进一步研究工作,如该装置在隧道中布置间距、安装措施等。

（3）白云岩隧道排水管道结晶机理及防治对策的研究和排水系统的优化,需要建立在对大量隧道数据的广泛搜集、分析基础之上,建议今后对既有运营白云岩隧道洞内及排水管内相关数据形成常态化监测,为白云岩隧道排水管结晶防治及排水系统选型提供依据。

（4）实际隧道中,地下水会源源不断地涌入结晶离子,而试验未能及时补充溶液离子,对试验造成一定的误差,这是后续试验研究需要改进和弥补的地方。

（5）隧道排水管内结晶体除主要组分为 $CaCO_3$ 沉淀外,还存在其他混合组分,后续试验研究应考虑多种结晶机理。

（6）在进行室内模型模拟试验中发现,试验中所使用的结晶体质量测量方法存在一定问题。若是通过观察孔刮取测量结晶体质量,测量结果精准,但其反应后所生成的结晶体质量分布与实际有一定误差;如果通过切割管道的方法进行称量,的确能很好地反映结晶体在整个装置中的分布情况,但是由于切割管道时会损失一部分质量,其结晶体质量测量又会出现误差。故在室内模拟试验中,测量结晶体质量的方法有进一步的优化空间。

（7）在室内模拟试验中，主要以结晶体质量作为参照指标。如果能对溶液中离子浓度进行监测，以多项指标对结晶体的规律进行衡量，能得出更多有助于实际工程应用的规律。经文献查阅，可通过测量溶液导电率来实现对溶液中离子反应前后的浓度变化的实时监测。

（8）分析结晶规律时，只是从多离子耦合角度对管道结晶致塞的影响进行研究，没有开展单一离子浓度对结晶的影响研究，如 Cl^-、K^+、Na^+、Ca^{2+}、Mg^{2+} 等单一离子对结晶如何影响？是促进结晶，还是抑制结晶？影响程度如何？均是未知。后续研究须对每一离子开展针对性试验，探明其结晶致塞规律，进而助力攻克隧道排水系统结晶堵塞难题。

（9）结晶堵塞与管道摩擦、管道回流、排水坡度、时间等均有关联，后续研究进行针对性设计模型试验，结合数值仿真及实际工程，综合评价结晶堵塞程度，根据结果进行模型优化及标准划分，以提高模型的适用性、广泛性。

（10）超声波结晶破除试验检验了超声波破除效果，验证可行性，但在实际工程中，如何安装超除晶设备、在哪个位置安装等成为工程关键问题，故后续研究可从除晶设备安装、声波破除结晶微观机理等方面开展研究，理论试验和实际工程数据相结合，进一步优化设计排水系统，从而助力解决隧道结晶致塞问题。

（11）弄清楚隧道排水系统中结晶形成机理，能从根本上解决隧道排水系统结晶致塞问题。针对目前已研究的不同结晶机理，其差异是由于隧道个体性差异造成的，还是由于多种反应机理耦合造成的，还有待进一步的研究确定。

（12）对于破除方案中所提及的电沉积法固定沉积碳酸钙的装置，仅验证了其可行性。要将其应用到实际工程中，并使其发挥明显作用，还需要研究很多影响参数，例如，电流形式、不同浓度溶液对应的最宜结晶点位、沉积管道的几何参数、电沉积法的电极优化选择、电沉积装置的有效作用范围、多种离子耦合作用电沉积法的效果等，进一步优化的空间很大；最后结合优化参数，并以实际工程的监测数据为依据，组成一套实时监测实时调整的结晶体固定沉积装置。

参考文献

[1] 刘丹,杨立中,于苏俊.华蓥山隧道排水的生态环境问题及效应[J].西南交通大学学报,2001(3):308-313.

[2] 刘翠容,姚令侃.隧道工程地下水处理与生态环境保护[J].铁道建筑,2005(3):24-27.

[3] 中华人民共和国交通运输部.公路隧道设计规范 第一册 土建工程:JTG 3370.1—2018[S].北京:人民交通出版社股份有限公司,2019.

[4] MARTIN DIETZEL, PETER REICHL, GERHARD PLANK, et al. Koralm Tunnel as a Case Study for Sinter Formation in Drainage Systems-Precipitation Mechanisms and Retaliatory Action[J]. Geomechanik und Tunnel,2008(4):271-278.

[5] DIETZEL M, PURGSTALLER B, LEIS A, et al. Current challenges for scaling of tunnel drainage systems-Modelling approaches, monitoring tools and prevention strategies [J]. Geomechanics and Tunneling, 2013,6(6):743-753.

[6] 叶飞,田崇明,何彪,等.在建隧道排水系统结晶堵塞试验研究[J/OL].[2020-10-15].http://kns.cnki.net/kcms/detail/61.1313.U.20200706.1608.012.html.中国公路学报:1-12.

[7] 向坤,周杰,张学富,等.碱性环境隧道排水管结晶规律室内试验研究[J].隧道建设(中英文),2019,39(S2):207-212.

[8] LIU S, GAO F, ZHANG X, et al. Experimental study on anticrystallization law of tunnel transverse flocking drainpipe at different velocities[J]. Asia-Pacific Journal of Chemical Engineering, 2020(10).

[9] 刘士洋,张学富,吕获印,等.植绒PVC管对隧道排水管防除结晶的作用[J].科学技术与工程,2018,18(21):313-319.

[10] 刘士洋,张学富,吕获印,等.不同充水状态下隧道植绒排水管防除结晶的效果[J].科学技术与工程,2018,18(28):156-163.

[11] 郭小雄.铁路隧道排水系统结晶机理及应对措施研究[J].中国铁道科学,2020,41(1):71-77.

[12] 周卓.岩溶地区地下水渗流结晶堵塞隧道排水管机理研究及处治建议[D].西安:长安大学,2015.

[13] 翟明.灰岩区隧道排水系统结晶堵塞规律研究[D].重庆:重庆交通大学,2016.

[14] ECHINGER S,BOCH R,LEIS A,et al. Scale deposits in tunnel drainage systems-A study on fabrics and formation mechanisms[J]. Science of The Total Environment,2020,718:137140.

[15] 赵鹏,郭小雄,马伟斌.铁路隧道排水管道疏通设备研制及应用[J].铁道建筑,2018,58(1):30-32,66.

[16] 蒋雅君,杜坤,陶磊,等.岩溶隧道排水系统堵塞机理的调查与分析[J].铁道标准设计,2019,63(7):131,135.

[17] 田崇明,叶飞,宋桂锋,等.隧道排水系统结晶堵塞机理及防治措施初探[J].现代隧道技术,2020,57(5):66-76,83.

[18] 姜德宁,SINTAYEHU ZEWDU,傅汝廉.电磁除垢参数的实验研究[J].天津科技大学学报,2008(3):64-67,76.

[19] 刘智安,赵婧,赵巨东,等.高压静电水处理器腔内电场分布分析与阻垢效果研究[J].中国电机工程学报,2014,34(35):6296-6303.

[20] 洪英维.疏通岩溶隧道排水系统堵塞的清洗溶剂对结构的无损性测评[J].现代隧道技术,2020,57(4):219-228.

[21] 马殷军.铁路隧道用盲管堵塞清除技术及应用[J].中国铁路,2020(3):107-114.

[22] 刘坤.隧道排水系统局部堵塞后的衬砌外水压力及其受力特性研究[D].重庆:重庆大学,2017.

[23] 高春君,向立辉,张学富,等.不同水位下隧道排水管结晶堵塞引起的衬砌应力分析[J].重庆交通大学学报(自然科学版),2019,38(5):45-51.

[24] 邹育麟,何川,周艺,等.重庆高速公路现役营运隧道渗漏水病害统计及成因分析[J].公路交通科技,2013,30(1):86-93,101.

[25] 刘会迎,宋宏伟.隧道渗漏水成因分析及治理措施研究[J].重庆交通大学学报(自然科学版),2007(4):54-56,64.

[26] 黄继武,李周.多晶材料 X 射线衍射-实验原理、方法与应用[M].北京:冶金工业出版社,2012.

[27] 静婧.X 射线粉末衍射仪的基本原理和物相分析方法[J].赤峰学院学报(自然科学版),2015,31(3):26-27.

[28] 刘再华,DREYBRODT W.DBL 理论模型及方解石溶解、沉积速率预报[J].中国岩溶,1998(1):3-9.

[29] 刘再华,DREYBRODT W.方解石沉积速率控制的物理化学机制及其古环境重建意义[J].中国岩溶,2002(4):21-26.

[30] 林传年,李利平,韩行瑞.复杂岩溶地区隧道涌水预测方法研究[J].岩石力学与工程学报,2008(7):1469-1476.

[31] 李显伟.深长隧道涌水量预测影响因素评价分析[J].铁道建筑,2014(2):70-73.

[32] 罗漫,陆柱.碳酸钙结晶过程的动力学研究[J].精细化工,2000(8):463-466.

[33] 张智.排水工程[M].北京:中国建筑工业出版社,2012.

[34] 周绍民.金属电沉积[M].上海:上海科学技术出版社,1987.

[35] 许姣姣,司云森,余强,等.电化学沉积技术的新发展[J].南方金属,2007(2):21-23.

[36] 杨防祖,姚士冰,周绍民.电化学沉积研究[J].厦门大学学报(自然科学版),2001(2):418-426.

[37] 储洪强.电沉积方法修复混凝土裂缝技术研究[D].南京:河海大学,2005.

[38] 储洪强,蒋林华.利用电沉积方法修复混凝土裂缝试验研究[J].河海大学学报(自然科学版),2005(3):310-313.

[39] 李勇,胡少伟,范卫国.电沉积方法修复混凝土结构裂缝的研究进展[J].工业建筑,2007(S1):915-918.

[40] LI B, JIANG Z, ZHOU G, et al. The effect of Ca^{2+} concentrations on the characteristics of $Mg(OH)_2$-based building materials prepared in situ by electrodeposition [J]. Construction and Building Materials, 2020:121523.

[41] 孔亚西,姚素薇,张璐.电沉积制备-维纳米材料[C]//中国电子学会生产技术学分会,重庆表面工程技术学会.2004 年全国电子电镀学术研讨会论文集,2004.

[42] HAARING R, KUMAR N, BOSMA D, et al. Electrochemically Assisted Deposition of

Calcite for Application in Surfactant Adsorption Studies[J]. Energy&Fuels,2019,33(2):805-813.

[43] MILAD P, REZA A. Investigation of the hydrogen evolution phenomenon on $CaCO_3$ precipitation in artificial seawater[J]. Desalination,2018,444:142-150.

[44] 邓姝皓,龚竹青,陈文汨.电沉积纳米晶体材料的研究现状与发展[J].电镀与涂饰,2001(4):35-39,50.

[45] 全国安全生产标准化技术委员会.氢气使用安全技术规程:GB 4962—2008[S].北京:中国标准出版社,2009.

[46] 谢正伟,何平,王薇,等.电沉积析氢电极的研究现状及展望[J].武汉理工大学学报,2012,34(7):1-8.

[47] 刘善淑,成旦红,应太林,等.电沉积 Ni-P-ZrO_2 复合电极析氢电催化性能的研究[J].电镀与涂饰,2001(6):4-7.

[48] 黄宝威,袁翔城,黄晖,等.海水电沉积作用碳酸钙结晶与珊瑚骨骼晶体的比较[J].海洋科学,2017,41(7):113-119.

[49] 储洪强,蒋林华,徐怡.电沉积法修复混凝土裂缝中电流密度的影响[J].建筑材料学报,2009,12(6):729-733.

[50] 亢景富.混凝土硫酸盐侵蚀研究中的几个基本问题[J].混凝土,1995(3):9-18.

[51] 刘建刚.混凝土坝坝基析出物的形成作用与实例分析[J].大坝观测与土工测试,1995(4):13-18.

[52] 邹育麟,何川,何聪,等.重庆岩溶地区季节性富水营运隧道渗漏水病害特征及其成因机制分析[J].现代隧道技术,2014,51(4):18-27,45.

[53] 陶伟明."以堵为主,限量排放"隧道防排水原则的理论基础及其工程实践[J].铁道标准设计,2006(9):78-82.

[54] 王鹰,陈强,魏有仪,等.岩溶发育区深埋隧道水岩相互作用机理[J].中国铁道科学,2004(4):56-59.

[55] 赵月生,秘永和.铁路隧道结构防排水问题的思考与探讨[J].铁道建筑技术,2012(2):89-93.

[56] 王廷亮.隧道工程地下水处理的环境地质效应[J].工程勘察,2010,38(12):43-47.

[57] 陈吉森.连拱隧道地下水渗流场及防排水技术研究[D].南京:河海大学,2006.

[58] 丁浩,蒋树屏,李勇.控制排放的隧道防排水技术研究[J].岩土工程学报,2007

(9):1398-1403.

[59] KV RNER J, SNILSBERG P. Groundwater hydrology of boreal peatlands above a bedrock tunnel-Drainage impacts and surface water groundwater interactions[J]. Journal of Hydrology,2011,403(3-4):278-291.

[60] 傅家鲲.高速公路隧道渗漏水成因及对衬砌结构的影响研究[D].成都:西南交通大学,2012.

[61] KHK A, NHP B, HJK C, et al. Modelling of hydraulic deterioration of geotextile filter in tunnel drainage system[J]. Geotextiles and Geomembranes,2020,48(2):210-219.

[62] VINCENZI V, GARGINI A, GOLDSCHEIDER N. Using tracer tests and hydrological observations to evaluate effects of tunnel drainage on groundwater and surface waters in the Northern Apennines (Italy)[J]. Hydrogeology Journal,2009,17(1):135-150.

[63] THUMANN M, ASTNER M, ANDREAS S, et al. Precipitations in the Tunnel Drainage System-Optimized Shotcrete Mix-Design[C]//Shotcrete for Underground Support XII,2015.

[64] 于剑峰,霍静,唐仕明,等.卤水管道中影响碳酸钙垢溶解度的因素及规律[J].盐业与化工,2011,40(4):20-23.

[65] 王大放,黄柳宾.碳酸钙水溶液结晶的 MD 模拟[J].科学技术与工程,2009,9(22):6619-6623.

[66] 王少松.管流溶液中微粒粒度分布规律及输运机制研究[D].北京:中国石油大学(北京),2017.

[67] 王传江,张志兵,吴建,等.污水管道多功能作业机器人设计方案[J].工程机械,2009,40(3):48-51.

[68] 王志杰,杜逸文,姜逸帆,等.砂化白云岩地层隧道掌子面失稳机制研究[J].岩石力学与工程学报,2021,40(S2):3118-3126.

[69] 王海彦,骆宪龙,杨石柱.隧道围岩温度场变化规律理论分析[J].石家庄铁路职业技术学院学报,2006(2):24-29.

[70] 中华人民共和国交通运输部.公路隧道施工技术规范:JTG/T 3360—2020[S].北京:人民交通出版社股份有限公司,2020.

[71] 方攀.隧道二次衬砌混凝土温度应力与裂缝控制研究[D].西安:长安大学,2019.

[72] 叶飞,王坚,田崇明,等.预防隧道排水系统结晶病害的喷射混凝土配合比优化试验研究[J].中南大学学报(自然科学版),2021,52(5):1634-1643.

[73] 叶文玉.水处理化学品[M].北京:化学工业出版社,2002.

[74] 田四明,王伟,巩江峰.中国铁路隧道发展与展望(含截至2020年底中国铁路隧道统计数据)[J].隧道建设(中英文),2021,41(2):308-325.

[75] 冯其红,王波,韩晓冬,王相.流体运移过程中微粒沉积规律研究[C]//第十三届全国水动力学学术会议暨第二十六届全国水动力学研讨会论文集——B 水动力学基础.[出版者不详],2014:88-94.

[76] 曲秀丽.电化学法循环水的除垢研究[D].大连:大连海事大学,2016.

[77] 刘士洋,高峰,周元辅,等.绒毛长度对隧道植绒排水管防除结晶效果试验[J].科学技术与工程,2019,19(9):234-239.

[78] 刘灯凯.白云岩层理与隧洞成不同交角围岩稳定性分析[D].贵阳:贵州大学,2020.

[79] 刘科.变频电磁场除垢阻垢机理的实验研究[D].青岛:中国石油大学(华东),2013.

[80] 刘艳敏,余宏明,汪灿,等.白云岩层中硬石膏岩对隧道结构危害机制研究[J].岩土力学,2011,32(9):2704-2708.

[81] 刘琦,顾展飞,卢耀如,等.贵州施秉白云岩溶蚀特性及孔隙特征实验研究[J].地球学报,2015(4):413-418.

[82] 李正士.化学侵蚀条件下隧道衬砌混凝土和排水病害的防治措施[J].铁道建筑技术,2012(7):90-93.

[83] 李海花,刘振法,高玉华,等.结晶过程的影响及与绿色阻垢剂的协同阻垢性能[J].化工学报,2013,64(5):1736-1742.

[84] 李森,王海峰,郭斌.循环水垢的A电源电解法去除工艺[J].广州化工,2013,41(4):104-106.

[85] 杨善让.换热设备污垢与对策[M].北京:科学出版社,2004.

[86] 何治亮,马永生,张军涛,等.中国的白云岩与白云岩储层:分布、成因与控制因素[J].石油与天然气地质,2020,41(1):1-14.

[87] 邹凯,包明林.基于灰色关联理论和BP神经网络的智慧城市发展潜力评价[J].科技进步与对策,2015,32(17):123-128.

[88] 张小霓.电导率法评定阻垢剂及碳酸钙结晶动力学研究[D].武汉:武汉大学,2004.

[89] 张克从.晶体生长科学与技术[M].北京:科学出版社,1997.

[90] 张兵强,李云,徐志明.CaCO₃析晶污垢成垢过程影响因素的实验研究[J].东北电力大学学报(自然科学版),2008(1):49-54.

[91] 张良喜,赵其华,胡相波,等.某地区白云岩室内溶蚀试验及微观溶蚀机理研究[J].工程地质学报,2012,20(4):576-584.

[92] 张枝.不同形貌轻质碳酸钙的制备及其工艺条件研究[D].合肥:合肥工业大学,2015.

[93] 陈理.铁路隧道施工中排水管堵塞问题探究[J].技术与市场,2015(4):80.

[94] 陈银波.喀斯特小流域水-气界面二氧化碳释放及其影响因素研究[D].贵阳:贵州大学,2019.

[95] 林培滋,黄世煜,初惠萍.温度对碳酸钙结垢过程的影响[J].石油与天然气化工,1999(2):128-129.

[96] 罗佐县,曹勇.氢能产业发展前景及其在中国的发展路径研究[J].中外能源.2020,25(2):9-15.

[97] 周伟,王永东,李元飞,等.岩溶区隧道排水管道结晶沉淀水动力影响因素试验研究[J].公路,2021,66(3):347-352.

[98] 周其其,金亚飚.电化学处理技术在工业净循环水处理系统中的应用[C]//2012青岛国际脱盐大会论文集.[出版者不详],2012:653-656.

[99] 赵正勋,寇恒治,覃栋优,等.靖边东坑大阳湾地区管道超声波除碳酸钙垢实验研究[J].油气田地面工程.2018,37(10):25-27.

[100] 赵阳,陈永昌,孟陶,等.超声波阻垢性能的实验研究[J].工程热物理学报,2013,34(11):2144-2146.

[101] 胡瑞柱,黄廷林,刘泽男.碳酸钙诱导结晶动力学影响因素研究[J].中国环境科学,2021,41(8):3584-3589.

[102] 禹华谦.工程流体力学[M].3版.成都:西南交通大学出版社,2013.

[103] 洪开荣,冯欢欢.中国公路隧道近10年的发展趋势与思考[J].中国公路学报,2020,33(12):62-76.

[104] 姚玉英,陈常贵,柴诚敬.化工原理(上册)[M].3版.天津:天津大学出版社,2010.

[105] 聂崇欣.管材及管道连接形式对白云岩隧道排水系统结晶形成的影响[D].贵阳:贵州大学,2021.

[106] 徐佳丽.电化学法制备碳酸钙晶须及除垢的试验研究[D].上海:华东理工大

学,2021.

[107] 陶燕丽.不同电极电渗过程比较及基于电导率电渗排水量计算方法[D].杭州:浙江大学,2015.

[108] 黄尚瑜,宋焕荣.不同温度条件下碳酸盐结晶沉淀研究[J].现代地质,1997,5(4):442-452.

[109] 黄擎宇,刘伟,张艳秋,等.白云石化作用及白云岩储层研究进展[J].地球科学进展,2015,30(5):539-551.

[110] 黄骥屹,漆楚繁,徐仁华,等.岩溶隧道排水系统堵塞影响因素分析[J].现代交通技术,2020,17(5):46-51.

[111] 曹生现.冷却水污垢对策评价与预测方法及装置研究[D].保定:华北电力大学(河北),2009.

[112] 曹明达,周忠发,张结,等.白云岩洞穴系统中水-气CO_2分压对洞穴水水文化学过程的影响:以贵州双河洞为例[J].环境科学与技术,2017,43(3):54-60.

[113] 曹明霞.灰色关联分析模型及其应用的研究[D].南京:南京航空航天大学,2007.

[114] 龚晓南,郭盼盼.隧道及地下工程渗漏水诱发原因与防治对策[J].中国公路学报,2021,34(7):1-30.

[115] 崔涛.圆管内$CaCO_3$污垢生长特性的实验与数值研究[D].兰州:兰州交通大学,2015.

[116] 梁中勇,杨胜波,崔宇,等.层理白云岩力学特性及隧道围岩位移特征研究[J].水利水电技术,2020,51(6):121-127.

[117] 蒋雅君,杜坤,廖甲影,等.岩溶隧道衬砌施工缝排水设施可维护性试验研究[J].铁道标准设计,2019,63(11):91-96.

[118] 曾玉彬,李慧敏,牛庆华,等.高盐度水中碳酸钙结晶速率常数影响因素研究[J].江汉石油学院学报,2001,23(2):56-58.

[119] 谢财进,饶军应,聂凯良,等.贵阳地区泥质白云岩电镜扫描试验及其损伤研究[J].施工技术,2018,47(S2):1-7.

[120] 谢德明,童少平,曹江林.应用电化学基础[M].北京:化学工业出版社,2013.

[121] 鄢明雄,程航,喻九阳,等.电流密度对电化学阻垢性能的影响[J].武汉工程大学学报,2019,41(6):517-521.

[122] 樱子.《国家公路网规划(2013—2030年)》出炉[J].中国勘察设计,2013(7):26.

[123] BISCHOFF J L,JULIÁ R,SHANKS I W C,et al. Karstification without carbonic acid:

Bedrock dissolution by gypsum-driven dedolomitization[J]. Geology,2011,22(11): 995-998.

[124] CASTELLOTE M, BOTIJA S, ANDRADE C. Assessment of electrophoresis and electroosmosis in construction materials: effect of enhancing electrolytes and heavy metals contamination [J]. Journal of Applied Electrochemistry, 2010, 40 (6): 1195-1208.

[125] CHEN Y,CUI Y, GUIMOND BARRETT A,et al. Investigation of calcite precipitation in the drainage system of railway tunnels [J]. Tunnelling and Underground Space Technology,2019,84: 45-55.

[126] AGNIESZKA KAPALKA,GYÖRGY FÓTI,CHRISTOS COMNINELLIS. Basic Principles of the Electrochemical Mineralization of Organic Pollutants for Wastewater Treatment [J]. Springer New York, 2010, Electrochemistry for the Environment (Chapter 1): 1-23.

[127] CONWAY B E, JERKIEWICZ G. Relation of energies and coverages of underpotential and overpotential deposited H at Pt and other metals to the 'volcano curve' for cathodic H_2 evolution kinetics[J]. Electrochimica Acta,2000,45(25-26): 4075-4083.

[128] ISARAIN-CHÁVEZ E, ROSA C, L A GODÍNEZ, et al. Comparative study of electrochemical water treatment processes for a tannery wastewater effluent[J]. Journal of Electroanalytical Chemistry,2014,713:62-69.

[129] JUNG H,HAN Y,CHUNG S,et al. Evaluation of advanced drainage treatment for old tunnel drainage system in Korea[J]. Tunnelling and Underground Space Technology, 2013,38: 476-486.

[130] KABAY N,DEMIRCIOGLU M,ERSIIZ E,et al. Removal of calcium and magnesium hardness by electrodialysis[J]. 2002,149(1-3): 343-349.

[131] MCKENZIE J A,VASCONCELOS C. Dolomite Mountains and the origin of the dolomite rock of which they mainly consist: historical developments and new perspectives[J]. Sedimentology,2009,56(1): 205-219.

[132] PATERMARAKIS G,FOUNTOUKIDIS E. Disinfection of water by electrochemical treatment[J]. Water Research,1990,24(12): 1491-1496.

[133] SCHMIDT M,XEFLIDE S,BOTZ R,et al. Oxygen isotope fractionation during synthesis of CaMg-carbonate and implications for sedimentary dolomite formation[J]. Heinemann,

2005,69(19):4674.

[134] SEGALL B A,BRUELL C J. Electroosmotic Contaminant-Removal Processes[J]. Journal of Environmental Engineering,1992,118(1):84-100.

[135] TLILI M M,ROUSSEAU P,BEN AMOR M,et al. An electrochemical method to study scaling by calcium sulphate of a heat transfer surface[J]. Chemical Engineering Science,2008,63(3):559-566.

[136] WAGNER O K,KOCH D,LEMMERER J,et al. Maintenance-optimised drainage system for the New Semmering Base tunnel and Pummersdorf Tunnel / Instandhaltungsoptimiertes Entwässerungssystem für den Semmering-Basistunnel neu und Tunnel Pummersdorf[J]. Geomechanics and Tunnelling,2014,7(5):626-635.

[137] XING F,ZHANG W,LI S. Influence of hot fluids on reservoir property of deep buried dolomite strata and its significance for petroleum exploration: A case study of Keping outcrop in Tarim basin[J]. Acta Petrologica Sinica,2011,27(1):266-276.

[138] YAO R,HUANG H Y,HONG Z. The Fuzzy Reliability Analysis for the Lining of Crack Control of the Subsea Tunnel[J]. Fuzzy Information and Engineering Volume 2:1165-1171.

[139] ZEPPENFELD K. Electrochemical removal of calcium and magnesium ions from aqueous solutions[J]. Desalination,2011,277(1-3):99-105.

[140] ZHANG F,XU H,KONISHI H,et al. Polysaccharide-catalyzed nucleation and growth of disordered dolomite: A potential precursor of sedimentary dolomite[J]. American Mineralogist,2012,97(4):556-567.

[141] ZHANG X,LAI Y,YU W,et al. Forecast analysis for the re-frozen of Feng Huoshan permafrost tunnel on Qing-Zang railway[J]. Tunnelling & Underground Space Technology Incorporating Trenchless Technology Research,2004,19(1):45-56.

[142] JIN Z K,YU K H. Characteristics and significance of the burial dissolution of dolomite reservoirs: Taking the Lower Paleozoic in eastern Tarim Basin as an example-ScienceDirect[J]. Petroleum Exploration and Development,2011,38(4):428-435.

[143] ZHI S,ZHANG S. A novel combined electrochemical system for hardness removal[J]. Desalination,2014,349:68-72.

[144] 薛禹群,吴吉春.地下水动力学[M].3版.北京:地质出版社,2010.

[145] 于清浩.厦门翔安海底隧道防排水技术及防排水系统堵塞可能性研究[D].北京:

北京交通大学,2009.

[146] 马文镇,张豹,张彦龙.公路隧道排水系统结晶堵塞机理及处治措施[J].广东公路交通,2021,47(5):52-56.

[147] 王秀英,王梦恕,张弥.计算隧道排水量及衬砌外水压力的一种简化方法[J].北方交通大学学报,2004(1):8-10.

[148] 王兵杰.渤海湾盆地塘沽地区古近系沙河街组湖相白云岩特征及成因研究[D].南京:南京大学,2014.

[149] 王建秀,杨立中,何静.深埋隧道衬砌水荷载计算的基本理论[J].岩石力学与工程学报,2002(9):1339-1343.

[150] 王菲.基于不平衡数据分类方法的排水管道堵塞识别研究[D].昆明:昆明理工大学,2020.

[151] 邓晓强.贵州省德江地区寒武系白云岩成因探讨[D].成都:成都理工大学,2019.

[152] 卢冠楠,王鹏,杨蕴,等.岩溶区隧道排水系统地下水渗流结晶堵塞机理及阻垢技术研究综述[J].现代隧道技术,2021,58(6):11-20.

[153] 叶飞,田崇明,赵猛,等.云南某在建隧道排水管结晶堵塞病害初步探析[J].土木工程学报,2020,53(S1):336-341.

[154] 包立征.公路隧道灰岩裂隙水结晶机理及堵塞规律研究[D].西安:西安建筑科技大学,2021.

[155] 伍飞.顺南地区白云岩储层酸压实验及工艺研究[D].北京:中国石油大学(北京),2018.

[156] 刘立鹏,汪小刚,段庆伟,等.隧洞衬砌外水压力的取值方法与应对措施研究[J].水利水电技术,2017,48(8):63-67.

[157] 刘立鹏,汪小刚,贾志欣,等.水岩分算隧道衬砌外水压力折减系数取值方法[J].岩土工程学报,2013,35(3):495-500.

[158] 刘再华,DREYBRODT W.不同CO_2分压条件下的白云岩溶解动力学机理[J].中国科学(B辑),2001,31(4):377-384.

[159] 刘高金,张广泽,冯涛.不同岩性的含盐地层隧道工程侵蚀成因探讨[J].铁道工程学报,2018,35(10):15-19.

[160] 李志芬.连续结晶过程的建模、优化与控制[D].大连:大连理工大学,2018.

[161] 李金鑫.考虑水压力作用下隧道衬砌厚度的探讨[J].湖南交通科技,2015,41(4):128-130,158.

[162] 李洋.基于声学检测方法的埋地排水管道堵塞状况识别研究[D].昆明:昆明理工大学,2019.

[163] 李骏.黄土隧道围岩湿陷与衬砌结构相互作用机制及其评价方法研究[D].西安:西安理工大学,2019.

[164] 李敬伟,严恩,何永钦,等.隧道排水系统结晶堵塞试验研究现状与发展[J].工程技术研究,2021,6(24):37-39.

[165] 杨瑞鹏,王亚琼,高启栋,等.基于厚度检测的运营隧道二次衬砌安全评价研究[J].公路,2021,66(6):378-385.

[166] 杨滕飞,曹红波,王洋.高压水射流清洗海水管路技术[J].船海工程,2018,47(6):111-114.

[167] 连宾,袁道先,刘再华.岩溶生态系统中微生物对岩溶作用影响的认识[J].科学通报,2011,56(26):2158-2161.

[168] 肖立华.冷却结晶法制电子级磷酸的研究[D].昆明:昆明理工大学,2008.

[169] 宋焕荣,黄尚瑜.碳酸盐的结晶沉淀[J].中国岩溶,1990,9(2):105-118.

[170] 张一安.峨汉高速隧道排水系统结晶堵管机理及隧道结构响应分析[D].重庆:重庆交通大学,2021.

[171] 张力程,赵静,赵鹏,等.故宫养心殿燕喜堂琉璃构建表面污染物的清洗试验初步研究[J].文物保护与考古科学,2020,32(5):98-104.

[172] 张大同,戈尔茨坦.扫描电子显微技术与X射线显微分析[M].北京:科学出版社,1988.

[173] 张亚琦.综合管廊排水管道堵塞识别理论与试验研究[D].北京:北京建筑大学,2019.

[174] 张有天.隧洞及压力管道设计中的外水压力修正系数[J].水力发电,1996(12):30-34,71.

[175] 张成平.隧道结构水压折减及相关问题研究[D].北京:北京交通大学,2002.

[176] 张萍,新月,石上梅,等.滑石粉与石棉的微形态及元素构成的SEM/EDS微区分析[J].药物分析杂志,2012,32(3):488-493.

[177] 张常光.圆形压力隧洞弹塑性应力和位移分析[D].西安:长安大学,2008.

[178] 张博,倪东升.基于射频识别技术的车联网在治理城市交通堵塞中的应用[J].物流技术,2013,32(15):258-261.

[179] 陈孝全.伦坡拉盆地始新世牛堡组湖相白云岩特征及成因机理[D].成都:成都理

工大学,2018.

[180] 郑波,王建宇,吴剑.基于等效渗透系数计算衬砌水压力方法研究[J].现代隧道技术,2011,48(6):43-46,57.

[181] 郑波.隧道衬砌水压力荷载的实用化计算研究[D].北京:中国铁道科学研究院,2010.

[182] 赵乐.基于堵水限排高压富水区山岭隧道防排水技术研究[D].成都:西南交通大学,2017.

[183] 赵珊茸.结晶学与矿物学[M].3版.北京:高等教育出版社,2017.

[184] 段海澎,陈发根,姚春江,等.岩溶区隧道结晶堵管现象及其诱发的风险问题浅析[J].土木工程学报,2020,53(S1):332-335.

[186] 饶军应.岩溶介质中深埋洞室围岩应力弹性解析及应用研究[J].岩石力学与工程学报,2015,34(6):1296.

[186] 姜秉辰.超声波原油管道除垢防垢技术研究[D].哈尔滨:哈尔滨工业大学,2016.

[187] 袁金秀,刘炳华,高新强,等.高水压隧道衬砌背后水压力预测模型研究[J].铁道工程学报,2021,38(7):48-53.

[188] 顾伟,董琪,王媛,等.运营期铁路隧道衬砌外水压力折减方法[J].科学技术与工程,2018,18(12):280-285.

[189] 徐芝纶.弹性力学[M].5版.北京:高等教育出版社,2016.

[190] 高新强.高水压山岭隧道衬砌水压力分布规律研究[D].成都:西南交通大学,2005.

[191] 郭佳奇,陈建勋,陈帆,等.岩溶隧道断续节理掌子面突水判据及灾变过程[J].中国公路学报,2018,31(10):118-129.

[192] 陶萌.西沙群岛西科1井白云岩特征研究[D].青岛:中国石油大学(华东),2019.

[193] 曹建华,袁道先,潘根兴.岩溶动力系统中的生物作用机理初探[J].地学前缘,2001,8(1):203-208.

[194] 曾宇.考虑接触效应的外水压力下隧道衬砌计算方法研究[D].重庆:重庆交通大学,2014.

[195] 雷林,华永利,李冠鹏,等.兰渝铁路胡麻岭隧道盲管堵塞病害分析与处理[J].现代隧道技术,2020,57(6):149-153.

[196] 詹树高,钟祖良,陈宇波,等.岩溶隧道排水管结晶堵塞机理及疏通试验研究[J].地下空间与工程学报,2021,17(S2):717-721.

［197］ALAIN L,MARC D. Ultrasonic Wave Propagation in Non Homogeneous Media［M］. Springer Berlin Heidelberg,2008.

［198］ATTINGER R,KELLER J H,KÖHLER M, et al. Representation of atmospheric blocking in the new global non-hydrostatic weather prediction model ICON［J］. Meteorologische Zeitschrift,2019,28（5）：429-446.

［199］BÖGLI A. Karst hydrology and physical speleology［M］. Springer Science and Business Media,2012.

［200］BÖTSCHI S,RAJAGOPALAN A K,ROMBAUT I, et al. From needle-like toward equant particles：A controlled crystal shape engineering pathway［J］. Computers Chemical Engineering,2019,131：106581.1-106581.9.

［201］EICHINGER S,BOCH R,HIPPLER D,et al. Carbonate precipitates impairing drainages in an Austrian motorway tunnel-Investigation on growth dynamics and environmental dependencies［J］. In EGU General Assembly Conference Abstracts, 2018,35（4）：132-141.

［202］LEE J H,CHU I C,KIM H G,et al. Evaluation of Technology For Preventing Drainage Pipe Blockage In Deteriorated Tunnel［C］//International offshore and polar engineering conference,2012：606.

［203］GIRMSCHEID C,GAMISCH T,KLEIN T,et al. Scale sintering in tunnel drainages-mechanisms of scale formation% versinterung von tunneldrainagen-mechanismen der versinterungsentstehung［J］. Bauingenieur,2003,78（01）：292-300.

［204］RAO J Y,FU H L,YIN Q,et al. Fuzzy evaluation model for karst highway tunnel safety［J］. Electronic Journal of Geotechnical Engineering,2013,18,5173-5184.

［205］PARK E H,NAM J W,HAN Y S,et al. An evaluation of treatment technologies for anti-scale in drainage works using simulation test of road tunnel［J］. The Macmillan Company,2013,29（7）：1229-2427.

［206］YEE E,LEE J,LIM D S,et al. Magnetic water treatment to inhibit calcium carbonate scale deposition in the drainage system of an old tunnel in seoul,South Korea［J］. Advanced Materials Research,2012：594-597.

［207］Chen C Y, Rao J Y, Tao Y H, et al. Study on the crystallisation formation mechanism and breakage of tunnel drainage system in dolomite area［J］. Asia-Pacific Journal of Chemical Engineering,2023, 18（3）：e2897.

[208] CHEN Y, RAO J Y, ZHAO C J, et al. Strength prediction model of fractured dolomite and analysis of mechanical properties based on PFC3D[J]. Scientific Reports, 2023, 13:13368.

[209] 聂崇欣,饶军应. 隧道排水系统结晶堵塞风险模糊评价模型研究[J]. 中国水运(下半月),2021,21(3):30-32.

[210] 聂崇欣,饶军应,刘建浩,等. 隧道排水管道结晶体成分及结晶机理研究[J]. 河南理工大学学报(自然科学版),2022,41(6):196-202.

[211] 聂崇欣,饶军应,刘灯凯,等. 一种隧道排水管道堵塞检测装置及使用方法:ZL201910305268.9[P]. 2021-06-15.

[212] 饶军应,黄昌毅,聂崇欣,等. 一种隧道排水管道除晶去堵装置:ZL202110060356.4[P]. 2022-08-12.

[213] 饶军应,唐正强,覃育参,等. 一种隧道排水系统探测及去堵机器人 202311683703.4[P]. 2023-12-10.